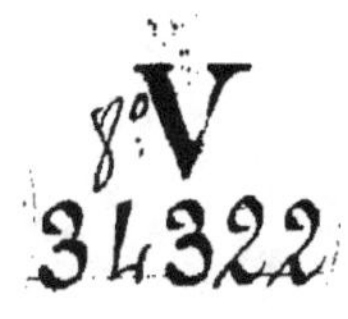

GEORGES GROSJEAN

Pour l'Art

Contre les Vandales

Une œuvre de Beauté est une joie à jamais.

KEATS

PARIS
JOUVE & Cie, ÉDITEURS
15, RUE RACINE, 15

1910

Pour l'Art

Contre les Vandales

DU MÊME AUTEUR

La Révolution Française (1789-1799).

La Mission de Semonville à Constantinople (1792-1793).

Les Relations Diplomatiques de la France avec le Royaume des Deux-Siciles (1789-1795).

La France et la Russie pendant le Directoire (d'après les documents inédits conservés aux Archives du Ministère des Affaires Étrangères).

Le Droit de la Femme mariée sur le produit de son travail.

La Question Religieuse.

L'École et la Patrie. — La Leçon de l'Étranger.

POUR PARAITRE PROCHAINEMENT

Le Mouvement National pendant la Guerre de Cent Ans.

Les Garanties de la Liberté Individuelle.

L'Hérédité Successorale, la Propriété Rurale et la Natalité.

GEORGES GROSJEAN

Pour l'Art Contre les Vandales

Une œuvre de Beauté est une joie à jamais.
KEATS

PARIS
JOUVE & CIE, ÉDITEURS
15, RUE RACINE, 15

1910

Pour l'Art
Contre les Vandales

La France, plus que tout autre peuple, peut s'enorgueillir des trésors d'art qu'elle possède. Dès le moyen âge, elle dresse sur son sol ses cathédrales gothiques, enrichit leurs porches de sculptures, abrite dans leurs niches un peuple de saints et dans leurs nefs les Christs expirants et les Vierges bénissantes. Ce n'est pas en vain que l'empire de Charlemagne fut à la fois franc et chrétien. La pensée française se confond à l'origine avec la pensée catholique: il est sot ou perfide de le vouloir nier aujourd'hui. C'est à l'ombre des églises que la France s'est formée, que les serfs, défendus contre les exactions féodales par les clercs et les moines, se sont élevés à la condition d'hommes libres. Aussi l'art religieux exprime-t-il, pendant de longs siècles, les rêves et les aspirations du peuple tout entier. Il est — au sens actuel du mot — profondément démocratique. Il est plus et mieux : il est national. C'est la France intégrale qui a gravé dans ces livres de pierre l'histoire de son âme. Nous y pouvons lire, fixés sous l'aspect des formes éternelles, les désirs et les amours d'une longue période de sa vie. Dans l'ombre des cathédrales le passé parle encore puissamment. Là nous le pouvons comprendre et aimer tel qu'il veut être aimé et compris. M. Camille Julian a défini avec émotion l'étrange puissance de cet art populaire : « Quand je recherche, dit-il, à la vue de la ruine anonyme, le sentiment de l'humble ouvrier qui l'a moulée ou construite, il me semble entrer plus profondément dans l'âme d'une époque qu'en réfléchissant sur une parole d'Aristote. Celle-ci nous entraîne dans le sillage d'un génie exceptionnel. Devant un monument, je trouve les sentiments du commun peuple. Et l'histoire que je tente alors de faire, pour s'éloigner des séduisants contacts de l'aristocratie individuelle, n'en vit que davantage dans la communion des démocraties d'autrefois (1). »

Pourquoi reporterions-nous vers ces époques disparues les divisions de nos jours? Et faut-il s'inspirer de la fureur des partis en face d'un art qui fut seulement français? Allons-nous renier ces générations d'où nous venons, parce que notre âme n'aurait pas retenu tous les songes et espoirs qui consolaient leur âme? Une plus longue expérience nous a haussés jusqu'à une perspective intellectuelle qui domine la leur — peut-être; devons-nous pour cela mépriser la douceur de leur foi candide, l'enthousiasme obstiné qui, sous leurs doigts d'artisans sublimes, sculptait les pierres et coloriait les imageries?

Les longs souvenirs, a-t-on dit, font les grands peuples. Je donne à cette maxime profonde l'adhésion de mon cœur et de ma raison. Une nation meurt quand elle oublie.

1. Camille JULIAN, *La Vie et l'Etude des Monuments français* (*Revue Bleue*, 13 janvier 1906).

L'étude attentive des œuvres anciennes devrait servir d'assises à notre éducation civique. Par là nous nous rattacherions fortement à ces ancêtres dont il nous faut, bon gré mal gré, recueillir l'héritage. Le passé porte la loi de l'avenir ; de lui un peuple peut apprendre comment il se doit adapter aux nécessités contemporaines et comment il restera lui-même tout en se donnant à la tâche présente. Loin de nuire au progrès, le souci de la tradition en est la condition nécessaire, de même que le frein est la sécurité de la vitesse.

L'intérêt de l'art n'est pas moins puissant. Sans doute, comme Français, la cathédrale de Reims ou Notre-Dame de Paris nous émeuvent-elles plus profondément que d'autres hommes, et pénétrons-nous d'une intelligence plus intime, et, en quelque sorte, plus familière leur beauté à la fois ardente et fière ; mais il est vrai aussi qu'à tout noble esprit de tels chefs-d'œuvre livrent, au moins en partie, leur secret — puisqu'ils disent à l'homme quelque chose de l'homme.

* * *

A quoi bon insister sur ce qui peut sembler superflu ? Toutes les richesses artistiques dont se pare notre pays ne seront-elles pas, quelle qu'en soit l'origine, considérées par tous ainsi qu'un patrimoine inaliénable ? D'unanimes efforts ne tendent-ils pas à les protéger contre la destruction ? Certes, le zèle officiel s'affirme sur ce sujet en phrases sonores ; les harangues déclamatoires des ministres en débordent ; elles ont nié, elles n'ont pas guéri le mal. Autrefois, tout en France finissait par des chansons, tout aujourd'hui se termine par des discours. Ni les abus qu'attaquaient celles-là ne disparaissaient, ni les progrès que célèbrent ceux-ci ne sont accomplis.

Avec une persévérance infatigable, M. André Halays a rassemblé, depuis trois ans, dans les chroniques qu'il donne, chaque vendredi, au *Journal des Débats*, les éléments d'un terrible réquisitoire contre l'optimisme administratif. Point de semaine presque où il n'ait à faire entendre un cri d'alarme ou de regret. En un seul article, il a pu noter six méfaits projetés ou consommés : le château de Mauvezin, dans les Pyrénées, recrépi et remis à neuf par un propriétaire que choquait sa beauté huit fois séculaire ; la maison de François Ier, à Abbeville, dépouillée de ses rares et précieux ornements au profit de l'Amérique ; le plateau de Saint-Rémy déshonoré par l'ouverture, à cinquante mètres de l'Arc de Triomphe et du Mausolée, d'une carrière de pierres ; la salle capitulaire de la cathédrale de Noyon réclamée pour lieu de réunion par les sociétés chorales de la ville ; la chapelle de Saint-Vaast revêtue tout entière d'un affreux badigeon blanc et offerte par la commune à un acheteur ; enfin les tapisseries de la cathédrale du Mans emportées en Espagne.

A ce bilan d'une semaine qui ne pourrait ajouter. On n'a pas oublié ce banquet offert à un membre du cabinet sous les lambris du château de Pau. Il n'y a pas plus de trente ans que le palais de Compiègne possédait encore les plus admirables fauteuils qu'eussent tissés nos tapissiers? S'il en reste quelques exemplaires, que sont devenus les autres ? On les a expédiés au Tonkin et à Madagascar pour servir à nos résidents coloniaux qui, à Hanoï ou à Tananarive, se trouveraient mieux de quelque siège en rotin (1). Un président de la

1. On relève dans le budget de Madagascar (Travaux Publics) les dépenses suivantes :

1906. — Chap. XI. Mobilier. — Canapé du cabinet du Gouverneur général. — Réparations, 3.500 fr.

1907. — Chap. XI. Mobilier. — Canapé du cabinet du Gouverneur général. — Réparations, 4.500 fr.

1908. — Chap. XI. Mobilier. — Canapé du cabinet du Gouverneur général. — Réparations, 5.500 fr.

1909. — Chap. XI. Mobilier. — Canapé du cabinet du Gouverneur général. — Réparations, 8.500 fr.

Au total, 22.000 francs en quatre ans.

Il s'agit, probablement, de l'un des canapés enlevés à Compiègne. Quels visiteurs recevait donc ce Gouverneur général, il pourrait être indiscret de le demander. Mais tout n'est pas drôle dans cette petite affaire : On frémit en songeant aux réparations qui ont dû être faites, à Madagascar, à un meuble de cette sorte, et on aime mieux espérer que ces dépenses dissimulent quelqu'un de ces virements que la bonne administration des finances réprouve, mais que légitime parfois la politique coloniale la moins suspecte.

République — qui cependant aimait son pays et se souciait de le bien servir — n'a pas craint de faire, un jour, découper en carpettes, destinées à son cabinet, une de ces pièces rares que le XVIIe siècle vit sortir des métiers de la Savonnerie. A la mutilation près, un ministre suivait récemment cet exemple : parmi les trente tapis de cette manufacture qui sont encore au Garde-Meuble, M. Viviani a choisi l'un des plus beaux — véritable objet de musée — pour se rendre plus confortable la pièce où il accorde audience.

Plaisir des yeux, joie de l'esprit, perfection dans la mesure, Versailles donne, à plein, le sentiment de la maîtrise d'une race souveraine. Le génie français ayant atteint à la pleine possession de soi dans un Racine ou un Buffon nous est, à cette place, rendu sensible par l'accord où s'étagent et s'ordonnent harmonieusement le parc en forêt dans le fond, les bassins, les parterres, les charmilles, les murailles de verdure, les vases sculptés, enfin le palais et son attique. Ici se révèlent aussi bien et plus accessibles à la foule qu'en un sermon de Massillon ou un livre de *L'Esprit des Lois*, un rythme, une logique. un ordre, une discipline. Versailles n'explique pas seulement un moment de notre histoire ; il n'est pas qu'une station de psychothérapie bonne au Français en défense contre les barbares et le métèque et en réaction contre le poison du cosmopolitisme ; il est un de ces sanctuaires où l'humanité va se chercher des raisons de croire à la noblesse de ses origines et de ses destinées.

Qu'un tel lieu dût à tous être sacré par ce qu'il contient de vertu bienfaisante, on le voudrait croire. Hélas ! les attentats y sont quotidiens et répétés plusieurs fois par jour. Des milliers d'inscriptions au crayon, à l'encre — ingénieux emploi du stylographe — au couteau, naïves, incongrues ou mystérieuses, profanent les marbres et maculent les boiseries. M. Edouard Detaille s'est ému de ce scandale : — Oui ; sans doute, lui fut-il répondu, vous avez raison ; ces déprédations sont abominables ; mais comment les empêcher ? Nous ne savons. Les coupables sont-ils électeurs? Aucune suite, le plus souvent, n'est donnée aux procès-verbaux. Et s'ils sont étrangers, clients de M. Cook, à lunettes d'or ou en jupes vertes, alors interviennent ambassades et légations pour protéger leurs nationaux contre toute poursuite ou pénalité.

Livrée aux ingénieurs et aux architectes, la direction des Beaux-Arts, loin d'empêcher le mal, y aide et souvent le commet. Quelque horrible restauration est-elle entreprise, une bâtisse colossale vient-elle rompre les lignes d'un noble site urbain ou d'un paysage harmonieux, cherchez l'auteur : presque toujours vous rencontrerez un personnage officiel ou son parent. On dirait que ces hommes sont les ennemis personnels de toute beauté; leur rage dévastratice sévit à la fois contre les monuments et contre la nature. Rien n'est épargné. Tantôt, comme au palais d'Avignon, ils chargent un ouvrier peintre en bâtiments de gratter la croûte sous laquelle, dans une salle de la tour de la Garde-Robe, étaient cachées des fresques ; tantôt ils violent consciemment et cyniquement la loi (1).

On ne la croirait pas, l'anecdote suivante que rapporte M. André Hallays, si des preuves indiscutables n'en attestaient la vérité. Le cloître de la Trinité, à Vendôme, se trouve dépendre du quartier de cavalerie. Un jour de l'hiver dernier on apprend que la démolition en est commencée. Le Touring-Club et les

1. On sait qu'elle fut la fortune du palais des Papes à Avignon, affecté au logement des soldats. Vers 1820, la commission des antiquités de Vaucluse intervint auprès de l'autorité militaire en faveur des magnifiques peintures qui décoraient la salle de l'Audience. Un capitaine du génie, juge compétent, rabroua les archéologues, ces fâcheux, et à leur opinion opposa la sienne, péremptoire. Il déclarait « les peintures dont il s'agit de très faible intérêt pour les arts et ne méritant pas les dépenses proposées pour conserver ce qui en reste », et concluait « que leur conservation, en gênant le logement du soldat, contrarierait un établissement militaire ». Pour ces raisons, la requête de la commission resta sans suite. Et, aujourd'hui, M. Ypermann retrouve à grand'peine sur ces mêmes murs les vestiges d'une poignante et douloureuse crucifixion. Mais de nouveau la balourdise avignonnaise, par l'organe du maire, suppliait, en 1906, le ministre de la Guerre de lui donner un accroissement de troupes qu'il offrait de caserner, ainsi qu'autrefois, dans le palais des Papes. Et la municipalité rêve maintenant d'en faire une annexe de l'hôtel de ville.

sociétés archéologiques du département protestent à l'envi. Tout de suite, répondant à cette clameur de haro qui s'élève, S. E. M. Dujardin-Beaumetz fait annoncer partout qu'il est allé de sa personne voir M. Picquart, lequel, à cette époque, avait autorité sur les bureaux de la rue Saint-Dominique ; que celui-ci a envoyé à Vendôme un officier d'ordonnance ; que les travaux sont arrêtés et que le cloître est sauvé. A peine quelques mois sont-ils écoulés et la ruine est achevée : «Le ministre de la Guerre et le sous-secrétaire d'Etat des Beaux-Arts, écrit le Dr Lesueur, de Blois, ont été saisis de la question. Des promesses formelles nous ont été faites. La Guerre et les Beaux-Arts (*le sous-secrétaire d'Etat lui-même me l'a écrit*) se sont concertés pour étudier la solution à prendre. *C'est donc après réflexion et entente que deux ministères ont délibérément résolu de violer la loi et de démolir un monument historique classé.* »

Est-ce tout ? Non. Il faut le dire, avec discrétion, mais avec énergie : lente, sans tact, mal informée, négligente, tracassière, tyrannique, l'administration des Beaux-Arts n'est même pas, par ailleurs, exempte de tout reproche. Quelques-uns de ses représentants — peu nombreux, nous voulons le croire, nous en sommes convaincu — n'oublient pas toujours leur intérêt personnel. M. Gabriel Deville a affirmé, à la tribune — sans que le ministre y contredît — que les architectes n'avaient pas « voulu réparer à temps la cathédrale de Reims afin d'avoir plus tard des travaux plus considérables à accomplir » (1). Nul ne s'est encore aperçu d'une fissure dans *La Marseillaise* de Rude (2). Au Louvre, on laisse se délabrer les pavillons

1. D'autres défaillances, et graves jusqu'à être criminelles, ont été constatées. Je ne veux pas m'y appesantir ; il serait de la plus révoltante injustice de rendre des hommes, dont la probité et la fidélité ne peuvent être, en général, effleurées d'aucun soupçon, solidaires des dépositaires indélicats ou infidèles.

2. Pour conserver ce chef-d'œuvre il suffirait de quinze cents à deux mille francs aujourd'hui ; après un ou deux hivers deux ou trois cent mille francs seront nécessaires, ou même il sera trop tard. La crevasse dont je parle est visible sur le personnage du jeune homme à mi-corps.

de Pierre Lescot et de Jean Goujon. On a vu plus haut Versailles livré aux voyous internationaux et aux malandrins indigènes et par eux souillé à plaisir. D'autres dangers le menacent. Personne n'ignore aujourd'hui, grâce à une louable campagne de Lucien Corpechot dans l'*Éclair*, fort bien soutenu dans l'*Écho de Paris* par M. Tardieu, que le château et le jardin sont mis à mal par des gâcheurs de plâtre et que les Trianons sont à l'abandon.

Une société des Amis de Versailles a été constituée qui rappellera la police et le parquet à leur devoir, les ambassades à la pudeur, les maçons, les plombiers, les jardiniers à la raison. Mais qui protégera Vincennes ? Le manoir de Saint-Louis est tombé en 1808 sous la pioche des démolisseurs ; les chambres où Louise de la Vallière aima son roi sont abandonnées aux chasseurs à pied ; des fresques de Philippe de Champaigne et de Baptiste Monoyer sont perdues (1).

1. De Fossa : *Le Château historique de Vincennes.*

Peut-être n'est-il rien au monde qui puisse être comparé à l'abbaye du Mont Saint-Michel. Là, sur un rocher haut de cent mètres, au large, en plein océan, s'élancent une basilique, un couvent, un château, une forteresse. A l'abri de vieux remparts — qui témoignent en faveur de l'architecture militaire des XIIIe et XIVe siècles — un village serre ses maisons rustiques et escalade la pente. A cet ensemble où l'art et la nature ont collaboré pour une œuvre unique et sublime les siècles en mettant leur patine avaient encore ajouté, s'il se pouvait, de la grandeur et du rêve.

Des hommes ont eu cette effronterie d'oser toucher à ces magnificences enchantées ; ils l'ont pu sans rencontrer de la part des pouvoirs publics nulle résistance ; bien mieux : ceux-ci ont soutenu leurs projets.

Le 21 juillet 1856, un décret livrait la partie sud de la baie du Mont Saint-Michel, plus de 4.000 hectares, à une société dont l'objet était de convertir cette étendue de grèves en sol arable. On se mit aussitôt à refouler les flots. Entre la mer et le spéculateur qui se disputaient la baie la lutte s'engagea où le second ne l'emporta pas, d'abord : des ouvrages élevés par celui-ci pour lui barrer la route elle se fit un jeu de les renverser et pulvériser. L'entreprise fut un désastre : après dix ans d'exploitation une liquidation s'imposait aux actionnaires qui se substituèrent une nouvelle compagnie. A celle-ci l'Etat accordait une prime de 500.000 francs, égale au quart de son capital.

Cependant l'Océan continuait à bouleverser tous les travaux de colmatage où s'épuisaient les finances de la *Société des Polders de l'Ouest*. Une immense digue insubmersible pouvait seule les mettre à l'abri de la vague courroucée. Le 25 juin 1874 cet ouvrage était déclaré d'utilité publique. A peine achevé on y fit circuler les voitures, puis une locomotive et des wagons. Mais il y a pire : encore trois ou quatre douzaines de mois et le Mont Saint-Michel sera en pleins champs ; on l'aura, à la lettre, enterré.

Et qu'on ne croie pas que cette besogne — dont aucune excuse ne saurait atténuer la faute

— soit consommée sans protestations. Dès le début cent dix-neuf conseils municipaux s'y opposèrent. Plus tard une commission nommée par la Chambre conclut inutilement à la démolition de la digue. En vain grondait la grande voix de Victor Hugo qui déclare que « le Mont Saint-Michel doit rester une île ». Une intervention de M. Jules Roche, à la tribune, en 1878, demeura sans effet. Les polders et les ingénieurs des Ponts et Chaussées ont eu raison de chacun et de tous. Depuis un an que le péril croît, M. Marius Vachon, M. Charles Le Goffic, le *Touring-Club* ont multiplié les adjurations et les démarches. Maurice Spronck, qui les interpellait en février dernier, a obtenu du ministre des Travaux Publics et du sous-secrétaire d'Etat aux Beaux-Arts des promesses vagues et des doléances contrites; il n'a pu les amener à aucune résolution énergique, non que la volonté de M. Millerand et de M. Dujardin-Beaumetz soit douteuse ou malintentionnée, mais elle est tiraillée par mille influences. Tant il y a que le béotisme triomphe et qu'on est à se demander avec désespoir comment il sera possible de conserver sa splendeur au Mont Saint-Michel, en dépit de l'indifférence ou de la mollesse des uns et de la complicité des autres.

Comment le Musée Galliera se justifiera-t-il envers Jean Baffier, dont voici la navrante aventure. Depuis trente ans cet artiste, probe entre tous, travaille à l'exécution d'une salle à manger monumentale qui symbolise à la fois, par son architecture, ses meubles et son surtout de table le paysage et les paysans du centre de la France. La cheminée, commandée par l'Etat, a été exposée au Salon de 1898.

En 1908, le Comité des Expositions Françaises des Beaux-Arts à l'Étranger demandait à Baffier d'y laisser envoyer quatre des pièces qui sont conservées à la galerie Galliera : la soupière d'apparat, un plat à viande et deux grands candélabres. Le sculpteur, sensible à l'honneur qu'on voulait lui faire, mais méfiant, le déclinait poliment : les pièces appartiennent à la Ville qui ne prête jamais, le règlement étant formel et ne comportant point d'exception, les objets de ses musées aux expositions hors frontières.

Vainement insista-t-on à plusieurs reprises. Or, un jour, l'artiste, stupéfait, n'apprend-il pas que les quatre objets étaient en route pour Londres ? De courir aux informations, il s'empressa. Il en reçut de M. Brown, inspecteur en chef des Travaux d'Art. Le Préfet de la Seine, le rapporteur de la Commission du Conseil municipal, le président du Conseil des ministres, successivement priés d'accorder l'autorisation de cet envoi, l'avaient tous, l'un après l'autre, refusée. — Mais, alors, comment se peut-il... Alors, alors l'ambassadeur de Grande-Bretagne et d'Irlande était intervenu de sa personne et on avait cédé à son désir gracieux. N'en doit-on pas être flatté ?

Cependant avant de se réjouir le maître attendait le retour de son surtout. Il lui arracha des larmes. L'un des candélabres était tordu ; l'autre était oxydé, couvert d'éraflures, le fleuron était faussé, la tige brisée dans le branchage. La soupière portait deux renfoncements énormes sur l'un de ses flancs, les cariatides en étaient dessoudées et desserties. Le plat à viande n'était pas moins endommagé. L'inspecteur des Travaux d'Art concluait à « une remise en état intégrale ».

Les quatre objets avaient été, avant d'être expédiés, assurés pour une somme de dix mille francs. Après un examen minutieux des dégâts, six mille francs parurent nécessaires à la restauration qu'ils entraînaient. Baffier les réclama au Comité des Expositions Françaises des Beaux-Arts à l'Etranger. Comme la réponse se faisait attendre, un jour il s'en fut au Musée Galliera voir les pauvres pièces de son surtout mises à mal. Elles n'y étaient plus. On les avait données à un manœuvre qui les avait « rafistolées odieusement, raclées au sable, recurées au papier de verre » et sabotées avec zèle.

On imagine la douleur et la colère de l'artiste — et on se demande ce qu'il peut advenir de l'œuvre des morts silencieux quand celle de ceux qui peuvent défendre la leur de la voix et du geste est exposée à semblables traitements.

Il ne faut pas taire aux représentants de Paris à l'Hôtel de Ville que l'administration ne mérite pas seule le reproche d'avoir toléré, voire même favorisé, les attentats dont souffre la Cité. Si quelques-uns parmi eux s'en sont inquiétés, leur voix, trop souvent, a clamé dans le désert. D'amères récriminations s'élèvent entre fonctionnaires et conseillers. Nous exécutons, disent les premiers, les travaux que vous concevez mal et que vous ordonnez avec incohérence. Comment l'aurions-nous fait, répliquent les seconds; ne sommes-nous pas fort empêchés dans nos résolutions par la loi qui met l'assemblée municipale en tutelle et nous réduit à l'impuissance. Et de la sorte nous saurons rarement lesquels de ceux-ci ou de ceux-là sont davantage coupables, et d'autant que quatre services — Intérieur, Finances, Beaux-Arts et Préfecture de la Seine — y sont engagés (1).

Cependant, dans un rapport qu'il adresse

1. Il a été question au Conseil des ministres, il y a plus d'un an, de former une commission, intraministérielle qui centraliserait l'action administrative. A-t-elle été constituée et fonctionne-t-elle ?

au Préfet de la Seine et qui lui fait le plus grand honneur, M. Louis Bonnier, architecte-voyer en chef de la Ville, nous montre par un seul exemple, mais significatif — celui de la place des Victoires — les beautés de Paris sacrifiées par ceux-là mêmes qui ont charge de les défendre. En 1828, des ordonnances d'alignement compromettent déjà pour l'avenir l'intégrité du plan primitif. Sous Louis-Philippe les façades se couvrent d'enseignes et de pancartes. En 1884, pour l'exécution du tracé de la rue Etienne-Marcel tombent cinq arcades. Les adjudicataires des terrains situés de chaque côté de la brèche auraient dû se voir tenus par le cahier des charges à bâtir, d'après les dessins du XVIIe siècle. Au contraire, la Ville leur impose « de raccorder leurs constructions avec celles de la rue Etienne-Marcel. » En 1894, le propriétaire de la maison qui fait l'angle de la rue Croix-des-Petits-Champs obtient l'autorisation d'édifier à toute hauteur. Le côté est de la place est gâté, perdu ; le reste sera-t-il épargné ? « On projette, écrit M. Louis Bonnier qui s'en alarme et qui semble bien craindre de ne pouvoir l'emporter dans sa résistance, la suppression complète de la rue Vide-Gousset et le percement, dans le prolongement de la rue Notre-Dame-des-Victoires, d'une voie de 18 mètres de largeur à travers le morceau le plus complet de l'ordonnance de Mansart, démolissant à tout jamais une travée du numéro 8, les trois travées du numéro 10 et une travée du numéro 12 (1). »

La sottise et la nonchalance suffisent, peut-être, à expliquer la tolérance de la Ville qui permet le badigeonnage multicolore des rez-de-chaussées et les écriteaux, de haut en bas. Mais à l'égard des autres travaux on soupçonne les raisons d'un jugement plus sévère.

Il faut, personne n'y contredit, pourvoir par des voies nouvelles aux besoins d'une circulation croissante et satisfaire aux exi-

1. « Je n'ose, dit M. Louis Bonnier, chercher à entrevoir le temps où la Ville de Paris sera assez riche pour racheter les immeubles si déplorablement surélevés aux angles des rues Etienne-Marcel et Croix-des-Petits-Champs pour les ramener à l'ordonnance qui n'aurait jamais dû être abandonnée. »

gences de l'hygiène publique ; toutefois, les uns ni les autres n'obligent aux dommages qu'on a supportés. Si l'on y persiste, il est avéré que, cette fois, la faute ne sera pas imputable à l'imprévoyance.

Un rapport excellent de M. Emile Massand a valu au conseiller de la Plaine-Monceau d'unanimes approbations. Le 24 juin 1909, après un brillant débat auquel prenaient part MM. Chastenet, Maurice Spronck et Desplas, la Chambre invitait le gouvernement « à proposer d'urgence les mesures législatives et à ordonner les mesures administratives tendant à garantir la beauté de Paris ». Ce qu'il en a été de ce vote, une mercuriale telle que celle qui nous vient de Londres, en ce mois de juillet 1910, par un leading article du *Times* sur « l'enlaidissement de Paris » l'a pu apprendre à ceux qui n'en voient rien :

« Une grande partie des revenus de Paris, dit le journal anglais, dépend de ses visiteurs qui viennent des provinces françaises, du continent, d'Angleterre ou d'Amérique. Tous se rendent à Paris, à cause de sa beauté, de son agrément, de son charme : si tous ces attraits sont réduits par des travaux persistants dans les rues, par une propreté insuffisante de la chaussée, par une mauvaise police, le nombre des visiteurs diminuera.

« Nos amis, les Français, se sont vantés longtemps que Paris était la « Ville Lumière », la capitale de la civilisation, un lieu de pèlerinage pour tous les amateurs de beauté et de grâce. L'univers a admis cette prétention ; mais il est sous-entendu que si Paris se montre en quelque manière indigne de cette réputation, d'autres que les Français auront le droit de protester. »

Et le *Times*, usant de ce droit, ajoute : « C'est une chose curieuse que, précisément, dans le même temps Londres fasse des progrès marqués... «

Les plaintes des étrangers sont bien faites pour stimuler notre amour-propre en l'humiliant et nous inciter à une vigilance qui n'a jamais été plus nécessaire. Certaine commission municipale médite, en effet, d'étranges projets.

Qu'il apparaît divers, souple, équilibré, séduisant l'élégant et fier esprit de France, au carrefour du Pont-Neuf. Notre-Dame, la Tour de l'Horloge, la Sainte-Chapelle, les petites maisons Louis XIII de la place Dauphine, d'un côté — le Louvre et l'Institut de l'autre offrent, sans juxtaposition ni tohu-bohu, dans la langue des formes, une belle narration au promeneur qui, un instant, arrête là sa flânerie. Se détachant d'un massif d'arbres, le Vert-Galant, du haut de son cheval, sourit au bon peuple qui passe, toujours, ainsi que de son temps, au lendemain de la Ligue, affairé, badaud et attentif.

Un jour des conseillers municipaux se promirent d'embellir ce décor sans pareil. Et, comme l'intention n'y suffit point, ils imaginèrent pour la pointe de la Cité une femme gigantesque, symbolisant Paris, et debout à la proue d'une trirème. La peine ne fut pas petite à les détourner de cette infamie.

Mais voici que le Parlement a accordé à la ville huit cent millions sur lesquels quatre cents sont destinés à l'exécution d'un plan de grands travaux. Immédiatement, les perceurs de murailles et les brasseurs d'affaires, dont l'influence est également grande et qui sont résolus — pour nous épargner un détour de cent cinquante mètres et la fatigue d'une marche de deux minutes — à tout renverser devant eux, se sont mis au travail. Ils parlent de trouer l'Institut. Il y a tout à redouter de leur labeur enragé. On ne va pas gâcher que du mortier; on ne tripotera pas que des moellons. Les honnêtes gens et les gens de goût qui siègent au conseil de la Ville ou qui administrent pour elle auront beaucoup à surveiller : on ose compter sur leur fermeté

---

* * *

La France ne connaît pas la parure dont elle est belle. Au fond de nos provinces sont enfouis des joyaux inappréciés. On n'a rien étudié. A peine a-t-on catalogué (1). Le marquis de Chennevières, qui avait entrepris l'œuvre immense du répertoire de nos richesses artistiques, a dû l'interrompre au vingtième volume. Quel bon Français la reprendra ? Se rappelle-t-on la révélation que fut, à la plupart de ses visiteurs, en 1900, l'exposition du Petit Palais? Devant ces orfèvreries, ces émaux, ces ivoires, ces tapisseries, ces étoffes somptueuses, ces bois sculptés, ces nappes d'autel

1. La mollesse de l'Administration a été condamnée aussi bien par M. Cruppi que par M. Aynard. Une note de la *Société Française d'Archéologie*, que j'ai lue à la Chambre, le 14 juin 1905, indiquait qu'à cette date le classement protégeait à peine le *tiers* de nos églises romanes et gothiques.

Il n'est pas exagéré d'évaluer à six milliards le trésor disséminé dans les églises.

garnies de dentelles, tant de merveilles réunies pour l'admiration d'un jour, notre orgueil s'extasiait et aussi s'inquiétait notre prudence.

Le vandalisme est de tous les temps. L'enfant brise par jeu et curiosité; le barbare par jalousie; le sectaire par horreur de toute pensée étrangère. Haines de religion, haines de peuples, haines de partis, toutes aboutissent à des ruines. Les chrétiens renversent les statues des temples grecs ; Omar brûle la bibliothèque d'Alexandrie ; les calvinistes livrent aux flammes les églises ; les jacobins dispersent les cendres royales, saccagent les couvents, profanent les sanctuaires. D'un passé qui lui échappe le fanatisme veut qu'aucune trace ne subsiste ; il entend que rien ne reste pour lui rappeler qu'il n'a pas toujours régné. Tour à tour, chaque *credo*, chaque nation, chaque clan croit s'être emparé de l'avenir. Seule une culture profonde et variée permet à l'esprit la modération, et, sans l'abandonner au scepticisme, le maintient libéral et tolérant.

Le progrès, de nos jours, a pris un tel caractère de certitude, qu'aux yeux de la plupart de nos contemporains, aucun vestige des anciens âges ne se peut confronter avec le présent sans se révéler inférieur et condamnable. La « libre pensée » est outrecuidante et ce que les « siècles d'obscurantisme » ont laissé à la France lui inspire horreur et dégoût. A cet égard précieuse est cette lettre du maire de Volx, en Basses-Alpes, à M. le président du Comité des Sites et Monuments pittoresques, au sujet d'une chapelle romane dont cette société avait voulu conjurer la destruction décidée par la commune :

« J'ai l'honneur de vous informer qu'en effet on va construire une maison d'école de filles sur l'emplacement de la vieille chapelle. Les dispositions sont prises afin de la faire s'effondrer avec quatre cartouches de dynamite... La chapelle est, comme vous le dites, un patrimoine de nos ancêtres, mais elle nous rappelle des époques où nos pères ont dû subir le joug d'un clergé autoritaire et cruel. Songez donc : elle date, paraît-il, du XIIe siècle ;

elle a vécu à l'époque de l'Inquisition, de la Saint-Barthélemy et des dragonnades... Bientôt nous aurons, au lieu d'une chapelle en ruines, une maison d'école superbe qui sera l'ornement de notre place publique. »

Prenez au hasard cent de nos « libres penseurs » et comptez combien répudieront cette lettre. A coup sûr, les rédacteurs de la *Lanterne,* qui sont dans l'élite du parti et qui, dans tous les cas, y font autorité, ne la blâmeront pas. Les réflexions que leur inspire mon intervention devant la Chambre, en 1905, pour la conservation des calvaires, sont à retenir :

« M. Grosjean veut-il donc assimiler à des chefs-d'œuvre les pauvres et hideuses croix qui déshonorent nos carrefours ? Ose-t-il nous affirmer que les gibets grossiers que l'Église a semés tout le long de nos chemins ont une valeur artistique ? S'il en est ainsi, qu'il les recueille dans les églises ; ils y seront à l'abri. Mais il n'est pas possible d'enlever aux communes le droit de débarrasser la voie publique de ces objets sans art qui n'ont d'autre intérêt que de rappeler aux yeux du passant la détestable domination du prêtre (1).

» M. Grosjean demande que les peines édictées à l'article 257 du Code pénal demeurent applicables à ceux qui auraient détruit les emblèmes religieux. Ce n'est pas une loi contre le sacrilège. L'article 257 protège jusqu'aux urinoirs. Du moins les urinoirs ont leur utilité. »

Le plus souvent de tels sentiments ne sont pas avoués sans détour. Alors surgit la tourbe de ceux qui ne s'érigent en défenseurs de l'art que pour le mieux détruire — qui proposent, pour sauver l'antique gloire des monuments; de les « utiliser ». Renverser les cathédrales. Allons donc ! Faites-en des salles de concerts ou de réunions : cette nef, où des foules frissonnèrent dans l'attente anxieuse et recueil-

1. Sans art, les calvaires de Saint-Thégonnec, de Saint-Jean-Trolimon, de Plougastel, en Bretagne ; la croix de Chemilla, dans le Jura; la croix de Menevillers, dans l'Oise ; celle de Saint-Cirgue, en Puy-de-Dôme, et tant d'autres, par centaines. Ils sont admirables. Et je prétends que, même médiocres, ces naïves images du pâle supplicié sont rarement, dans la solitude des campagnes, dépourvues de sens et de beauté.

lie d'une révélation divine, deviendra un grenier à foin, et ce sanctuaire abritera, sous la forêt de ses colonnes et la gerbe des nervures, le public d'un beuglant. Démolir les châteaux? Pourquoi? Bien plutôt transformez-les en écoles. Et pour les tableaux, les ciboires et ostensoires, les châsses et les pyxides, les rochets, aubes, étoles et chasubles, les bénitiers ouvrés et les fines menuiseries, les églises sont des abris mal sûrs. On les recueillera dans les musées. Que l'œuvre d'art ne puisse supporter, sans perdre la plénitude de son sens et de sa beauté, d'être séparée du milieu auquel elle fut destinée et avec lequel elle a ces correspondances secrètes, ces délicats accords et ces harmonies d'où naissent toute poésie et toute rêverie — ils ne le savent ou ne s'en soucient pas. La vérité est qu'on prépare aux catholiques une vexation nouvelle : ne faut-il pas, dès lors, se pourvoir d'arguments pour les niais? Croit-on que la *Lanterne* soit férue, soudain, du désir de protéger les objets religieux qu'elle vouait naguère à l'ignominie?

On a accusé l'ignorance ecclésiastique. Beaucoup de prêtres sont mal préparés, en effet, à considérer dans les choses la valeur artistique; le soin des âmes les absorbe et ils sont trop souvent pour les richesses de leurs églises des gardiens sans vigilance ni connaissance. Des catholiques respectueux ont pu citer avec désespoir des faits attristants (1): par exemple, trois verrières, don de Saint-Louis, vendues pour construire une église moderne à côté de l'ancienne qui pouvait suffire à la population. Mais ce savoir qui manque au clergé est-il si répandu ailleurs? Que de sénateurs, à ma connaissance, qui troqueraient le plus beau mobilier d'Aubusson pour le plus extravagant *modern-style!* Et combien de députés ont donné seulement un regard au plafond que Delacroix a peint à la Bibliothèque du Palais-Bourbon? Combien se consolent des niaiseries oratoires, pendant les séances, à regarder derrière le fauteuil du Président *L'Ecole d'Athènes.*

1. Notamment M. Gillet, dans une remarquable conférence faite en mai 1906 à *L'Action Sociale de la Femme.*

La science, même officielle, garde mal de l'erreur et la tiare de Saïtapharnès n'a pas été, que je sache, consacrée par la bévue d'un bon curé de campagne.

Si les églises sont peu sûres, que penser alors de ces musées de province où, selon d'innombrables témoignages, le gardien confie les clefs au visiteur et le laisse seul se promener à travers les salles. Les mieux surveillés ont été volés. Six toiles découpées dans leurs cadres sont dérobées à celui d'Amiens; ceux de Honfleur et de Guéret sont cambriolés. A Paris, des vols énormes ont été commis à la Bibliothèque des Beaux-Arts par un architecte du gouvernement; au Louvre, des lacérations, à coup de couteau ou de parapluie, ont, à deux reprises, abimé des tableaux, et la statue d'Isis a disparu.

Estimera-t-on qualifiés pour garder le trésor des églises ces lamentables et dégoûtants primaires dont toute la science et tout l'esprit et tout le bon goût se haussent à désigner, dans un inventaire, les ornements sacerdotaux « des complets pour dire la messe »?

Leur plus vif empressement sera de brocanter « les emblèmes de la superstition ». Ainsi firent les condamnés de Limoges dans la Haute-Vienne et en Puy-de-Dôme.

Les ministres résisteront mal aux prières des communes qui, alléguant leur misère, imploreront le déclassement d'une madone, d'un buffet d'orgue, d'un rétable ou d'une verrière. Fissent-ils, par grand hasard, mine de repousser la requête, tels élus du scrutin d'arrondissement interviendront et arracheront, pour prix de leur vote, l'arrêté de déclassement, gage de leur réélection (1).

1. M. Bienvenu-Martin, aux jours de son ministère, déplorait cette intrusion de la politique dans le domaine des arts. Il avouait à M. Aynard que des monuments qui n'auraient pas dû être classés l'avaient été sur la demande de certains députés. Il est clair que les mêmes influences pourront aussi bien en faire déclasser qui devraient ne l'être pas.

* * *

Donc, de pillages en mutilations, de profanations en destructions, la France, dépouillée du plus pur fleuron de sa couronne, se renonçant à elle-même, renierait seize siècles de gloire. Cette diminution capitale, impie et détestable, n'aura pas pour excuse les colères aveugles d'une révolution ou les vengeances impulsives d'une émeute ; elle est le fruit d'un calcul qui cherche froidement l'abaissement d'une religion par les pires moyens et jusque dans l'anéantissement des œuvres — de toutes les œuvres qu'elle a inspirées. Des personnages à qui l'Humanité a, un moment, servi de prétexte pour oublier les droits de la Patrie, et auxquels rien d'humain — du moins ils le disent et peut-être ils le croient — n'est étranger, se promettent de déchirer, dans le livre où s'exprime la pensée des âges, les plus belles pages qu'ont écrites les générations. Tandis que dans l'immensité des plaines asiatiques, sous le sable du désert et la poussière du temps, des savants, justement encouragés par l'État, recherchent, à grands frais, quelques objets d'art, épaves mutilées, mais suprêmes témoignages des civilisations disparues — Bouvard et Pécuchet, directeurs de l'opinion par l'ascendant de la presse, grimés en représentants du peuple, hissés au pouvoir, combinent pour la catastrophe qu'ils préméditent toutes les ressources des procédures retorses (1).

1. Cet ostracisme ne se borne pas à l'art : M. Salomon Reinach a proposé, à Liège, dans un *Congrès tenu pour l'extension et la culture de la langue française*, qu'on « se contentât pour les prosateurs du XVIIe siècle d'une anthologie comprenant vingt pages de Bossuet, autant de Pascal, de La Bruyère, de La Rochefoucauld, de Mme de Sévigné, vingt pages encore pour Fléchier, Fénelon et Bourdaloue ». — « L'Église au XIXe siècle, ajoute ce proscripteur, a contrôlé directement ou indirectement tout l'enseignement public ou *privé*... De là cette part prépondérante, presque exclusive accordée aux prosateurs *profondément chrétiens* du XVIIe siècle, en particulier à Bossuet et à Fénelon... » Expulsés des lettres françaises, les poètes le seront à leur tour ; car Corneille, dans *Polyeucte*, est d'esprit *profondément chrétien ;* Racine a concilié la culture grecque et chrétienne ; il a, dit Jules Lemaître, christianisé le paga-

La loi du 9 décembre 1905 fait supporter aux associations constituées pour l'exercice du culte la charge de toutes les réparations à faire aux églises laissées à leur disposition. Mais les textes nouveaux votés depuis deux ans ayant enlevé aux fidèles le plus certain des ressources paroissiales et confisqué les fondations pieuses, c'est à peine si l'association est en état de subvenir aux menus frais de la vie religieuse quotidienne : comment pourrait-elle entreprendre des travaux d'un prix souvent élevé ? La commune veut-elle en assumer le devoir ? Elle n'en eut pas d'abord la liberté. Dans le département du Nord un conseil municipal ayant voté à cette

nisme; et La Fontaine allait à la messe. On les épargne, cette fois, pour ne pas soulever une résistance trop forte de la conscience française. Mais les jours de cette congrégation autorisée sont comptés. On peut même croire que quelques autres seront, en même temps qu'eux, frappés comme suspects de la même tare religieuse : le protestant Guizot n'est-il pas « profondément chrétien » ? Qu'une pareille ligue se forme à l'étranger, sous l'inspiration d'un personnage auquel nos musées doivent d'avoir payé fort cher des pièces fausses, on y trouverait à rire, n'était qu'elle compte des professeurs de l'Université.

fin 400 francs, le préfet, sans tarder, annula la délibération comme entachée de subvention indirecte à l'exercice d'un culte. Le 14 juin 1905, M. Lucien Cornet dénonçait à la Chambre, avec une indignation perspicace, ces hommes — j'étais du nombre ainsi que MM. Aynard et Georges Berger — qui veulent « sous prétexte d'art mettre à la charge de l'État l'entretien en tout ou en partie d'un plus grand nombre d'édifices du culte ».

Depuis lors l'article 13 de la loi du 9 décembre 1905 a été modifié par l'article 5 de la loi du 13 avril 1908. Il en résulte que l'État, les départements et les communes *peuvent* engager les dépenses nécessaires pour l'entretien et la conservation des édifices du culte dont la propriété leur est reconnue, et qu'ainsi ne sauraient être désormais valablement annulées les décisions des conseils généraux ou municipaux qui les ont votées : mais rien de plus.

M. le ministre des Beaux-Arts, s'adressant à M. de Selves au sujet des charges nouvelles qui peuvent incomber à Paris, a, dans cette lettre insidieusement iconoclaste, découvert sa doctrine et son arrière-pensée : « Les dépenses des édifices cultuels, écrit-il, peuvent être assumées par la commune dans la mesure où elles sont imposées par la sécurité. Mais, en tant qu'elles ne s'appliquent pas exclusivement à cet objet, elles constituent des subventions indirectes au culte, dépenses formellement interdites par l'article 2 de la loi de 1905. » La commune peut assurer la vie de quelques-uns de ses habitants par quelques mesures de précaution indispensables. Et s'il ne lui plaît point ainsi ? Elle n'y est pas obligée. Pis encore : défense formelle lui est faite d'intervenir si le péril n'est pas d'une évidence criante. On peut s'en fier à certaines municipalités ; elles sauront comprendre à demi-mot : elles élargiront la cicatrice et feront des décombres. On les y encourage expressément : « La modification de la loi de 1905 procurera aux communes qui deviendront propriétaires des églises fabriciennes, dans l'éventualité d'une désaffectation, la possession utile de l'édifice et du sol. » *Et du sol !* Clochers, portails, absides, écroulez-vous, si vous ne pouvez être conservés par des communes et des fidèles trop pauvres ou par des conseils municipaux avides de louer le maigre champ, souvent enclos d'un cimetière — que vous laisserez libre au milieu du village.

Il est bon de voir à quelles conséquences arbitraires conduit dans l'application cette législation assez semblable au fameux sabre de Joseph Prudhomme. A Lille la municipalité a décidé que les réparations à faire aux églises ne lui importaient pas et que, s'il y avait danger public, on provoquerait une décision qui les mettrait en interdit. Amiens a prévu des crédits ; Marseille accepte seulement d'exécuter les travaux de sécurité ; Bordeaux, Saint-Etienne, Roubaix ne se refusent pas aux grosses réparations ; Lyon s'en tient à celles qui sont strictement nécessaires à la conservation du monument. D'autres villes prennent en considération l'intérêt artistique ou historique qu'il présente.

L'église de Grisy-Suisnes a été détruite.

Pour la réparer le curé et ses paroissiens avaient offert vingt-cinq mille francs. On les repoussa : c'était seulement les deux tiers de la dépense et la commune n'entendait pas s'y associer. Un témoin, M. Clair-Guyot, a assisté aux scènes scandaleuses qui ont accompagné cette destruction : «... Le carrelage de l'ancienne nef s'écroula, et la terre s'éboulant vite, des ossements humains apparurent. Alors, laissant là leurs outils, les ouvriers arrachaient avec les mains les restes de ceux qu'on avait autrefois pieusement déposés dans l'église. On sortit d'abord un crâne qui fut laissé au loin. Puis on déterra l'os illiaque et les fémurs énormes. Celui-là, dit un des ouvriers, il était costaud ! Ah ! mon vieux, le ratichon, il ne croyait pas qu'on viendrait le sortir de là... Attends un peu, on va lui faire danser un rigodon. Alors, tenant entre ses genoux l'os illiaque, il y ajusta les fémurs qu'il agita ensuite en cadence, tout en sifflant. Les autres riaient. »

Les sapeurs du génie ont fait sauter le clocher de Mont-Chauvet près de Septeuil, en Seine-et-Oise ; celui de Cinqueux, du XIIe siècle, ne céda, tant il était solide encore, qu'à la troisième décharge de mélinite, chacune de dix kilos. Aux braves gens qui se récrient, le sous-préfet répond : « Ne vous plaignez pas. Je vous ai fait des ruines superbes. Les étrangers vont venir les visiter. Mettez un tourniquet et faites payer vingt sous d'entrée. »

Dans l'Aube, à Rigny-le-Ferron ; dans l'Oise, à Orphin et Orcemont ; dans les Basses-Pyrénées, à Pomps ; à Villetaneuse, en Seine-et-Marne ; dans le diocèse de Sens six paroisses, et dans celui de Fréjus, trois ont perdu ou vont perdre leurs églises. Le cloître de la Psalettes, à Tours, est digne de tous les soins ; il s'effrite. A Ploaré, des apaches, montés sur les toits, ont, à coups de marteau, brisé plusieurs clochetons.

Hermes est une petite commune qu'arrose le *Thcrain*, en Valois. Son église est intéressante, comme il est si fréquent dans l'Ile-de-France. Bœdecker et Joanne la signalent à la curiosité des touristes. En mars 1908,

M. de la Roque, architecte de l'administration des Beaux-Arts et M. Acher, architecte des Monuments historiques pour le département de l'Oise, l'ayant visitée, proposaient son classement. Le maire ne l'entendait pas ainsi : c'est un de ces fantoches entêtés et présomptueux dont on trouve les pareils à la tête de maintes communes et jusque dans les mairies de Paris et sur les bancs du Parlement. On l'avait vu, en 1901, prendre un arrêté contre le port de la soutane dans son village ; et plus récemment un calvaire ayant été renversé il s'était empressé de prescrire à la gendarmerie l'abandon de toute enquête, sous ce prétexte que le terrain où avait été commis le délit appartenait à la commune et que celle-ci ne portait pas plainte.

A la recherche d'une nouvelle occasion de s'illustrer, M. le maire d'Hermes assemble son conseil et, sur le rapport d'un architecte désigné par lui, obtient un vote qui désaffecte l'église. Sur la réclamation de quelques électeurs un expert est nommé : « La chute de la tour, conclut celui-ci, M. Brun, architecte à

Clermont, n'est pas à redouter si on continue à l'étayer (comme elle l'est en ce moment) et si on prend toutes mesures nécessaires pour équilibrer les arcs doubleaux de la croix du transept et ceux du collatéral. »

Et aussitôt les paroissiens d'Hermes de proposer deux solutions. La première, qui s'appuyait de l'opinion de l'architecte des Beaux-Arts et de son collègue des Monuments historiques, était de faire classer l'église, afin que l'État pût en partie contribuer aux réparations; le préfet n'y était pas opposé; le conseil municipal n'y voulut point souscrire. La seconde était qu'on mît en réserve pour être employé à l'église le prix de vente de deux chapelles qui doivent être désaffectées ; ce moyen a été également repoussé. Le jour est proche où le maire d'Hermes, invoquant « le péril grave et imminent », pourra d'abord fermer l'église, puis la livrer aux entrepreneurs qui l'achèteront pour les matériaux et l'abattront (1).

1. Le système se laisse ici découvrir dans sa rouerie. Trois cas de désaffectation sont encore prévus : 1° ces-

Il est des états d'esprit qu'il faut considérer attentivement quand on légifère sur une matière telle que celle-ci : c'est pourquoi aucun fait qui les décèle n'est à dédaigner.

Le maire des Arcs supprime les sonneries de l'*Angelus* par un arrêté — heureusement annulé par le Conseil d'Etat — où il dispose qu'il ne pourra être fait au maximum que cinq sonneries par jour... » et qu' « à toute époque de l'année les cloches ne pourront sonner pour un *usage religieux* que de sept heures du matin à six heures du soir ».

Le maire de Perrigny-sur-Armançon ayant décidé, le 26 août 1906 que « tout ce qui, dans

sation de la célébration du culte pendant plus de six mois consécutifs en dehors des cas de force majeure ; 2° insuffisance d'entretien compromettant la conservation de l'édifice ; 3° détournement des édifices du culte de leur destination. Les deux autres hypothèses supposaient l'existence des associations cultuelles qui, sur les instructions du Pape, n'ont pas été constituées.

A la moindre fissure on invoque le deuxième cas pour interdire l'accès de l'église qu'on ne veut pas réparer ; six mois se passent : on a deux raisons au lieu d'une pour prononcer la désaffectation, le premier cas venant s'ajouter au second. Pour faire un tas de plâtras il n'y a plus qu'à invoquer la sécurité publique : le tour est joué.

le cimetière, dépasse une certaine hauteur» devait être rasé et ayant voulu, en conséquence, faire procéder à l'enlèvement d'une grande croix placée sur le terrain des concessions perpétuelles, vient d'apprendre, de la même assemblée, qu'il a outrepassé ses pouvoirs (1). Et pareillement, dans la Haute-Saône, le maire de Breurey-les-Faverney, qui avait fait sonner les cloches pour le décès d'un suicidé (2).

1. « Considérant, dit l'arrêt, que l'article 23 de la loi du 9 décembre 1905 maintient le droit des familles de donner à leurs sépultures un caractère religieux ;

» Considérant, d'autre part, que si le maire tient de la loi de 1884 les pouvoirs nécessaires pour assurer le maintien du bon ordre et de la décence dans le cimetière, et s'il lui appartient de déterminer les dimensions et la hauteur des monuments funèbres, ce ne peut être que dans un intérêt de sécurité, de salubrité et de tranquillité publiques — ce qui, évidemment, ne saurait être invoqué ici... »

2. L'ordre du maire avait été verbal. C'est sur le pourvoi du desservant, l'abbé Bruant, qu'a été rendu l'arrêt. Il n'est pas sans intérêt de s'arrêter un instant sur cette importante question.

La jurisprudence du Conseil d'Etat et du tribunal des conflits a affirmé, à maintes reprises, au cours de ces derniers mois que les cloches, affectées au culte sous le régime du Concordat, ont conservé cette affectation depuis la loi de séparation (art. 27 de la loi du 9 décembre 1905 ; — art. 5 de la loi du 2 janvier 1907).

Le 14 juillet 1908, le maire de Vergonghéon (Haute-Loire), Robert, chevalier du Mérite Agricole, accompagné de quelques ouvriers, se mettait en devoir, dès sept heures du matin, à la suite d'une décision du conseil municipal qu'il avait provoquée, de remplacer une croix de mission qui surmonte le jardin du presbytère par un buste de la Répu-

Les cloches ont un caractère religieux comme l'Eglise elle-même et ce n'est qu'exceptionnellement, dans les trois cas énoncés dans le règlement d'administration publique du 16 mars 1906: péril commun — emploi prévu par les lois ou règlements — emploi autorisé par les usages locaux — que des sonneries civiles sont possibles.

Or il est incontestable qu'une sonnerie pour suicidé, ordonnée par le maire, est une sonnerie civile, et le maire de la commune de Breurey-les-Faverney ne justifie d'aucun usage local antérieur à la loi du 9 décembre 1905 en vertu duquel les sonneries de cloches à l'occasion des décès auraient un caractère civil.

Ainsi d'ailleurs que M. le commissaire du gouvernement Pichat l'a remarqué, on conçoit mal un usage local faisant de la sonnerie des morts une sonnerie civile. Permettre de faire sonner les cloches d'une église pour annoncer un décès que l'on veut laisser en dehors de tout concours religieux serait désaffecter les cloches et un usage qui consacrerait cette pratique serait en réalité illégal. Par leur nature, les obsèques civiles ne peuvent être comprises dans aucune des catégories visées par le règlement de 1906. (Tribunal des conflits, 22 avril 1910, 4 juin 1910.)

blique ; aucune autre place ne lui avait paru préférable à celle-là et nul jour plus propice que celui de la Fête Nationale. Le curé, qu'il n'avait point prié au rendez-vous, s'y trouva néanmoins. Mais ici il faut laisser la parole aux magistrats de la Cour de Riom qui ont statué après une enquête minutieuse et les parties entendues. Nul récit ne vaut l'exposé des faits qui ont motivé leur juste et impartial arrêt :

« Considérant que l'abbé Terrasse prévenu, est sorti du presbytère, tenant à la main le bail qui lui avait été consenti, a gravi le piédestal sur lequel reposaient la croix et les statues, et a énergiquement protesté contre une démolition qui ne pouvait s'accomplir qu'en violant son domicile : « Regardez mon « bail, disait-il, le voici, regardez-le », mais que Robert, refusant de l'entendre, s'est borné à lui répondre grossièrement : « Vous « me faites ch... » ;

» Considérant qu'à la suite de cette première et violente altercation, M. Redon, commissaire spécial à Arvant, mandé par l'abbé Terrasse, s'étant rendu sur les lieux, une entrevue eut lieu à la mairie entre lui, Robert et l'abbé, au cours de laquelle, donnant au maire de sages conseils, il lui fit observer qu'au point de vue civil, il pouvait être dans son tort, et agirait sagement en s'entourant de bons conseils, avant de poursuivre par la force la réalisation de son projet ; que Robert qui, dans l'intervalle, avait requis l'assistance de la gendarmerie, persistant, malgré l'avis du commissaire spécial d'Arvant, à assurer sans délai, même par la violence, l'enlèvement de la croix, se rendit de nouveau sur les lieux, fit monter Roche, un des ouvriers requis, sur le piédestal et lui donna l'ordre de passer autour de la croix une chaîne sur laquelle Meyronnet devait tirer ; mais que l'abbé Terrasse, debout sur le piédestal, embrassant la croix et ne voulant pas s'éloigner, Meyronnet refusa d'exécuter un ordre qui pouvait, s'il était obéi, et assurait la chute de la croix, avoir les plus terribles conséquences, puisqu'il mettait en danger la vie de l'abbé Terrasse, que c'est à ce moment que Robert requérant les gendarmes, leur donna l'ordre d'enlever l'abbé et de le faire descendre du piédestal.

» Considérant que les gendarmes se hissant à leur tour sur le piédestal, essayèrent tout d'abord, sans recourir à la violence, de décider l'abbé, par douceur et persuasion, à se retirer, mais que leurs exhortations se heurtèrent à la réponse du curé : « Je suis chez moi, j'y « reste », ils tentèrent de détacher ses bras qui entouraient la croix ; que leurs efforts venant se briser contre cette résistance, ils demandèrent à Robert de les faire aider ; que ce dernier donna alors à Roche, Bucquel et Burdeau l'ordre de monter sur le piédestal et d'assister les gendarmes ; que cet ordre avant été exécuté, une scène des plus violentes se produisit sur l'étroite plate-forme, où malgré les encouragements et les excitations de Robert, quatre hommes ne pouvaient triompher de la résistance d'un seul : « Vous « ne me ferez pas croire, criait Robert, que « quatre hommes ne soient pas capables d'en

« descendre un seul ; prenez-le par les bras, « prenez-le par les jambes, à bras-le-corps, et « f...-le par terre » ;

» Considérant qu'ainsi excités, Bucquel et Bourdeau notamment, redoublèrent de violence, pressant fortement contre le pied de la croix la tête de l'abbé Terrasse, lui arrachant des cris : « Vous me faites mal » qui commencèrent à soulever les protestations et les murmures des personnes réunies autour de la croix ; que cette scène se serait peut-être prolongée si l'abbé Terrasse n'avait proposé à Robert de s'éloigner s'il prenait l'engagement de faire descendre la croix très respectueusement et de la faire déposer dans le jardin ; que Robert, comprenant sans doute un peu tard les dangers que pouvait entraîner l'emploi de la violence, ayant pris le double engagement que lui demandait l'abbé, ce dernier se retira pendant que, de son côté, s'éloignait le maire, sans songer à surveiller l'exécution des engagements pris par lui, puisque la croix, violemment renversée sur le sol, s'est brisée en plusieurs morceaux qui sont toujours sur la voie publique (1). »

M. Pierson, conseiller municipal de Sognolles, dans l'arrondissement de Provins, est une de ces intelligences libérées des préjugés, affranchies des superstitions et gagnées à la Science par la lecture quotidienne du journal radical-socialiste qu'on imprime au chef-lieu. Les disciples de M. Léon Bourgeois l'ont instruit des mystères d'une doctrine fondée sur « la solidarité » et qui aboutit à mettre hors la loi la moitié moins un des citoyens. M. Pierson s'élève sans fatigue aux considérations les plus escarpées : c'est plaisir de l'écouter quand il donne à l'article 26 de la loi du 9 décembre 1905, qui défend « d'élever ou apposer aucun signe ou emblème religieux en quelque emplacement public que ce soit »,

1. La Cour ayant reconnu Robert, maire de Vergonghéon, coupable des deux délits de violation de domicile et d'abus d'autorité à l'encontre de l'abbé Terrasse, l'a condamné à 500 francs de dommages-intérêts, avec intérêts à partir de la demande et aux dépens de première instance et d'appel. En l'absence d'une intervention du ministère public aucune peine correctionnelle ne pouvait être prononcée.

un commentaire dont il serait dommage de laisser rien perdre : « Puisque, dit-il, il n'y a qu'un seul habitant à Sognolles qui ne garde pas le mutisme, qu'il ne s'en trouve pas un autre pour oser ouvrir la bouche, sur le mystérieux miracle de la disparition dans le courant de février, de la croix principale, officielle et supérieure du mensonge, qui n'a jamais eu raison d'être dans le cimetière, pas plus qu'ailleurs ; après laquelle les Romains, sous le règne de Tibère, ont cloué, comme à leur habitude, le soi-disant sauveur du monde et conspirateur, qui n'a même pas eu la force de se sauver lui-même. Depuis son invention sur la terre au IVe siècle, pour lequel tous les croyants et ignorants de la commune en ont un haut-le-cœur de le voir aussi bas, qu'ils en tombent en catalepsie de ne plus le voir en dominateur au milieu de son peuple, et dans une position aussi critique, appuyé sur une muraille, pour lequel je demande pitié à ses amis. » Pauvre diable !

Dans le Jura, un maire écrit à son curé une lettre dont le passage le plus important est celui-ci : « Pour des motifs qui me sont inconnus, des enfants ont été rejetés pour la première communion. Il n'est pas admissible de faire systématiquement des catégories en séparant en deux les enfants. *Je ne vous louerai le presbytère que si vous renoncez à cette élimination*. J'attends une réponse immédiatement par le retour du porteur de la présente. » Le curé sera sans abri ou il admettra à la première communion tous ceux et toutes celles qu'il plaira au potentat du bourg de lui désigner ou plutôt il les admettra tous, en bloc, — et on le lui signifie par un ultimatum, avec menaces sous condition, sur lequel il n'a pas même à délibérer.

Demain le maire prétendra, par la même contrainte, disposer de tous les sacrements les faisant refuser aux fidèles et accorder aux francs-maçons qui s'en veulent offrir la fantaisie ou qui en ont besoin pour l'achalandage de leur commerce; et nous voilà revenus au temps de la bulle *Unigenitus* où l'on confessait par ordre du Parlement : c'est de la sorte qu'un libre penseur franc-comtois comprend la séparation des Églises et de l'État et la sécularisation de celui-ci, — tandis que tel autre, en Seine-et-Oise, et non moins revêtu de l'écharpe, « interdit formellement aux pompiers d'assister aux offices de l'Église ».

De cette sorte de documents on ferait un recueil volumineux, et précieux infiniment, pour l'étude de la psychologie de l'idiot et de l'imbécile atteint du délire de la souveraineté. C'est cependant à la tyrannie de ces « philosophes », car tous se tiennent pour tels, que sont livrées à merci un trop grand nombre de communes rurales ou urbaines; ce sont eux qui, à Roanne, enlèvent à une rue le nom de Jeanne-d'Arc pour lui donner celui de Ferrer. M. Gérente, sénateur algérien et maire du XVIe arrondissement, intervient, au nom de l'esprit laïque, auprès du sous-secrétaire d'Etat aux Beaux-Arts afin que soit refusée une salle banale, celle du Trocadéro, aux organisateurs d'un « Arbre de Noël » ; MM. Gay et d'Aulan, qui sont dans l'opposition à l'Hôtel de Ville, et qui devaient, le

26 décembre 1909, distribuer des jouets, des bonbons et aussi des bons de pains et des vêtements, à l'occasion d'une fête de l'Église — d'ailleurs encore jour légalement férié — trouvèrent les portes closes, sur l'injonction de M. Gérente.

Tous ces gens-là sont ridicules. — Oui, certes ; s'ils n'étaient malfaisants.

Entre leurs mains la plus fastueuse des cathédrales n'est pas plus en sûreté que l'humble église du hameau perdu dans la montagne.

Châteaudun, qui a pour maire et député M. Baudet, possède, en outre, trois églises, toutes trois classées. Des travaux y sont nécessaires. Mais le Conseil municipal ne veut que pour une seule y pourvoir de ses deniers. L'article final de la loi du 9 décembre 1905 et l'article 5 de la loi du 13 avril 1908 permettent cette attitude à son sectarisme cauteleux : ces textes, dit-il, m'accordent une faculté ; ils ne m'imposent point d'obligation. Et une consultation ministérielle, due à la même plume que la lettre à M. de Selves, lui est envoyée, qui lui donne raison.

Saint-Léger de Soissons est classé aussi et appartient à l'Etat. Il n'y a pas deux mois, la municipalité ébrèche des sculptures, endommage des pilastres et élève un mur de cinq mètres de haut, afin que M. Magniaudé, député, puisse faire vibrer les voûtes de son éloquence anticléricale (1).

Si la loi du 9 décembre 1905 est, malgré les précautions que nous y avons fait prendre, inefficace contre les désastres que chaque jour nous donne à déplorer, on imagine les facilités que les ennemis de l'âme française et les courtiers qui ravagent la France d'un bout à l'autre, ont trouvé dans les lois contre les congrégations.

Le prieuré de Solesmes est illustre. Le monastère construit par les Bénédictins sur les plans de Dom Mellet fait honneur à l'architecture de notre temps ; il est digne de l'église fondée au XIe siècle, agrandie et répa-

1. M. Magniaudé, ayant, ces jours-ci, un banquet où il recevait M. Pelletan, a renoncé à l'église qu'il réserve pour les réunions électorales : il a tenu ses agapes dans une salle de la caserne du 67e d'infanterie.

rée au XIVe et au XVe siècles, du corps de logis construit au XVIIIe et du beau jardin en terrasse qui domine la *Sarthe*. Le restaurateur de l'Ordre de Saint-Benoît, Dom Guéranger, s'était, enfant, extasié devant ces arcades, ces boiseries, ces tables qui avaient servi aux moines : « Tout lui semblait, conte un de ses amis à qui il a confié les souvenirs de son premier âge, d'une grandeur merveilleuse et il ne se lassait pas de voir et de toucher. Ses impressions étaient plus vives encore, lorsqu'il pouvait se glisser dans l'église déserte, et contempler ce monde de statues, ces apôtres, ces anges, ces femmes, ce dragon à sept têtes, tous ces personnages dont on avait peint les yeux et qui semblaient le regarder et lui parler un mystérieux langage (1). »

Les *Saints* de Solesmes qui ont fait de Guéranger un bénédictin sont connus dans le monde entier. M. Dujardin-Beaumetz les a classés ainsi que les parties anciennes, à la veille de l'adjudication requise par le liquida-

1. L. Cartier, *Les Sculptures de Solesmes*.

teur de la congrégation et à laquelle il sera procédé, pour la seconde fois, sur baisse de mise à prix, au palais de justice de La Flèche, le jeudi 28 juillet 1910.

Tous les dépeceurs de terres et marchands de biens sont appelés à cette curée. Solesmes est offert à 250.000 francs. La fantaisie n'est pas coûteuse. Entre quelles mains qui ne sont tenues par aucun texte de la respecter la chapelle et ses saints vont-ils tomber — aujourd'hui ou demain ? C'est au hasard des enchères et des successions qu'est désormais commise la sauvegarde de ce monument; car, il faut le savoir, le classement d'une œuvre passée aux mains d'un particulier ne peut aucunement la sauver, puisque l'administration n'est pas sûre du succès de son opposition à la volonté du propriétaire, toujours en droit de la faire révoquer (1).

1. L'immeuble appartenant à un particulier est classé par arrêté du ministre de l'Instruction Publique et des Beaux-Arts, mais ne peut l'être qu'avec le consentement du propriétaire. Le classement n'est possible que si l'intéressé y consent

En ce qui concerne les établissements publics l'Etat procède par voie d'autorité.

Mais voici qu'au moment où est ainsi mis à l'encan l'idéal, une voix puissante s'élève, par delà les tombeaux ; elle fouaille, en même temps que feu MM. les conseillers municipaux de Laon, qui, en 1832, pour agrandir le marché, renversèrent la tour de Louis d'Outre-Mer, tous ceux qui, passés ou présents, avec franchise ou par les chemins couverts et les chicanes, premiers ministres ou simples maires, professeurs en Sorbonne ou instituteurs de village, prébendiers chamarrés ou bousingots endimanchés, de style différents, mais d'aberration pareils, ont fait du passé vivant un souvenir mort et ont précipité la chute des pierres où se laisse lire au peuple la leçon la plus forte et la plus douce.

«... Ne voilà-t-il pas une excellente comédie?... Ils sont là tous, rangés en cercle, et sans doute assis sur la table, jambes croisées et babouches aux pieds, à la façon des Turcs. Ecoutez-les. Il s'agit d'agrandir le carré aux choux et de faire disparaître un *monument féodal*. Les voilà qui mettent en commun tout ce qu'ils savent de grands mots depuis quinze ans qu'ils se font anucher le *Constitutionnel* par le magister de leur village. Ils se cotisent. Les bonnes raisons pleuvent. L'un argue de la *féodalité* et s'y tient ; l'autre allègue la *dîme;* l'autre la *corvée;* l'autre, *les serfs qui battaient l'eau des fossés pour faire taire les grenouilles:* un cinquième, *le droit de jambage et de cuissage;* un sixième les *éternels prêtres* et les *éternels nobles;* un autre, *les horreurs de la Saint-Barthélemy;* un autre qui est probablement avocat, les *Jésuites;* puis ceci, puis cela, puis encore cela et ceci; et tout est dit, la tour de Louis d'Outre-Mer est condamnée... Que répondre à cela. C'est fini. La chose est faite. La démolition du « monu« ment des âges de barbarie » est définitivement votée avec enthousiasme et vous entendez le hourra des braves conseillers municipaux de Laon, qui ont pris d'assaut la tour de Louis d'Outre-Mer.

» Croyez-vous que jamais Rabelais, que jamais Hogarth, auraient pu trouver quelque part faces plus drolatiques, profils plus bouffons, silhouettes plus réjouissantes à charbonner sur les murs d'un cabaret ou sur les pages d'une batrachomyomachie ?

» Oui riez. — Mais pendant que les prud'hommes jargonnaient, croassaient et délibéraient, la vieille tour, si longtemps inébranlable, se sentait trembler dans ses fondements... Elle commence à tomber pierre à pierre ; ses sculptures se brisent sur le pavé ; elle éclabousse les maisons de ses débris ; son flanc s'éventre ; son profil s'ébrèche et le bourgeois, qui passe à côté sans trop savoir ce qu'on lui fait, s'étonne de la voir chargée de cordes, de poulies et d'échelles plus qu'elle ne le fût jamais par un assaut d'Anglais ou de Bourguignons.

» Ainsi, pour jeter bas cette tour de Louis d'Outre-Mer, presque contemporaine des tours romaines de l'ancienne Bibrax, pour faire ce que n'avaient fait ni béliers, ni balistes, ni scorpions, ni catapultes, ni haches, ni engins, ni bombardes, ni serpentines, ni fauconneaux, ni couleuvrines, ni les boulets de fer des forges de Creil, ni les pierres à bombarde des carrières de Péronne, ni le canon, ni le tonnerre, ni la tempête, ni la bataille, ni le feu des hommes, ni le feu du ciel, il a suffi au XIXe siècle, merveilleux progrès ! d'uneplume d'oie, promenée au hasard sur une feuille de papier par quelques infiniment-petits !... (1). »

Ceux de Châteaudun n'ont pas encore pulvérisé leurs églises, et, quand on les accuse de le vouloir, sans doute, ils s'en doivent défendre : ils n'y songent pas ; ils n'acceptent pas de les réparer, voilà tout ; et c'est bien différent. L'hypocrisie de leurs moyens est un hommage que M. Baudet et ses collègues rendent à l'archéologie ; elle leur fera, parmi les vandales qu'une timidité retient encore, des imitateurs, sans diminuer leur responsabilité ni celle de la lâche complaisance du gouvernement.

1. VICTOR HUGO.

---

* * *

Avarice ou manie anti-religieuse ou toutes deux ensemble et celle-ci attisant celle-là ? Il n'importe. Ces défaillances et ces manquements qui sont de véritables forfaitures envers la France ont assez duré : il est temps d'y mettre fin.

Il faut, corrigeant les articles 2 et 44 de la loi du 9 décembre 1905 et 5 de la loi du 13 avril 1908, décider que les conseils généraux, les sociétés archéologiques et les académies *pourront* et que les départements et les communes *devront* voter des subventions pour la conservation des édifices et objets mobiliers servant aux cultes, classés ou non. Il est, en faveur de cette revision législative, plus d'un motif et de plus d'une sorte.

Dans sa statistique générale Burns a établi que les moines ont dépensé, jusqu'en 1893, quatre-vingt milliards en bâtiments et décorations, dont l'entretien a coûté quarante milliards : ce que ces sommes représentent en salaires, il n'est pas difficile de le calculer. Pendant tout le XIX$_e$ siècle, les congrégations ont continué à bâtir, même avec excès au jugement de quelques-uns de leurs amis. Ce que l'art doit aux religieux depuis le ve siècle, je ne me propose pas de l'examiner. A côté des églises monastiques et des couvents d'autres églises ont été élevées et toutes employaient des familles innombrables d'ouvriers (1). Les lois combistes qui ont fermé tant de monastères et les lois du 9 décembre 1905 et du 13 avril 1908 qui ont séparé l'Église d'avec l'État et disposé de son patrimoine, ces lois ont porté à certains corps de métiers les plus graves atteintes: elles ont fait pâtir les chantres et organistes ; elles sont désastreuses aux ouvriers d'art — peintres, verriers, imagiers, dentellières, brodeurs, ébé-

1. Avant la promulgation de la loi, de 1905, sur la seule probabilité de son vote, le chiffre des affaires et des salaires dans l'orfèvrerie, avait baissé de 50 o/o.

nistes, facteurs d'orgue, bronziers, orfèvres-joailliers; elles n'ont pas épargné les ouvriers du bâtiment, maçons, charpentiers, couvreurs, serruriers, peintres. Mais leur activité maintenant restreinte, veut-on la réduire encore et jusqu'au chômage ? Vingt mille artisans et employés ont vu diminuer leurs moyens d'existence. De l'aisance dont ils jouissaient, beaucoup ont passé à la gêne. Se propose-t-on de les conduire à la misère?

Et puis, lorsque le législateur de 1905 imposait les grosses réparations aux associations cultuelles, il leur laissait une partie, évaluée à plusieurs centaines de millions, des biens ecclésiastiques. En 1908, la loi du 13 avril a exproprié l'Église entièrement. Le corollaire de cette mesure eut dû être, si quelque justice se pouvait concevoir dans la spoliation, qu'on obligeât les communes bénéficiaires de l'opération et propriétaires à subir, conformément au droit commun, les travaux dont l'usufruitier et le locataire n'ont pas à connaître et qui sont une charge de la propriété. C'est à ce principe d'équité consacré par l'article 605 du Code civil et méprisé, il y deux ans, qu'il faut revenir.

Ces églises ne sont pas toutes, dit-on, dignes des préoccupations dont on témoigne. Celles qui méritent le regard de l'artiste, de l'historien et de l'archéologue seront classées. Soit; elles seront classées; mais elles ne le sont pas. Et d'abord, il faut prévoir qu'au terme du délai imparti par l'article 16 de la loi du 9 décembre 1905 à l'Administration des Beaux-Arts pour terminer le classement, à peine sera-t-il ébauché (1). Ensuite ce classement, fût-il complet — j'ai montré, par l'exemple de Châteaudun et par plusieurs autres — qu'il demeurait inefficace : d'une part, les crédits de l'Etat sont insuffisants, et, d'autre part, on doit compter avec les municipalités sauvagement anticléricales ou stupidement utilitaires.

1. M. Aynard a signalé à la Chambre le mauvais emploi que fait de ces crédits l'administration : pour satisfaire le plus de demandes elle les fragmente à l'infini ; elle se condamne à ne faire nulle part rien d'utile. En cette matière, comme en tant d'autres, interviennent les préoccupations électorales.

Mais il faut aller plus avant vers la vérité et l'embrasser tout entière.

Ces églises qu'on dédaigne méritent d'être conservées, — oui, celles-là mêmes qui sont humbles de visage et pauvres de style. La flèche qui les surmonte donne au village et à la campagne environnante sa physionomie traditionnelle. La moins altière, la plus modeste vaut, en une certaine mesure, Reims, Chartres ou Notre-Dame de Paris. Si celle-ci a inspiré Hugo, Lamartine a grandi à l'ombre du clocher de Milly d'où il entendait, avec quel trouble profond, partir la grande voix qui « va porter des pleurs à l'horizon ». Jocelyn serait-il ce qu'il est si l'enfant n'avait transmis au poète le tendre recueillement des *Angelus* au village et des *Rogations ?* Sans les cloches de Ligugé aurions-nous *La Cathédrale* et *L'Oblat?* Quand elles durent taire leurs carillons, Huysmans n'y put tenir et quitta la retraite où elles avaient accoutumé de lui parler et de le fortifier. Comment pourrons-nous continuer à aimer la plus grande partie — et la plus émouvante — des chefs-d'œuvre de notre art ou de notre littérature, et qu'en pourront comprendre nos descendants, si nous modifions les aspects qui firent leur sensibilité à ceux qui les réalisèrent? Un peintre tel que Millet ou Breton ou Bastien-Lepage devient inintelligible.

Est-ce que l'église de Domrémy, au XVe siècle, quand s'y façonna l'âme d'une héroïne, d'une martyre et d'une sainte était belle? Allez-y voir, rêver et méditer. Et si quelque indifférence béotienne a égaré, un instant, votre jugement, — je vous attends, au retour.

L'auteur admirable des *Amitiés françaises* et de *Colette Baudoche* l'a heureusement exprimé: les églises, laides ou magnifiques, d'hier ou d'autrefois, sont des « sources de vie spirituelle » dont nous n'avons pas le droit de déshériter les générations qui nous suivent.

---

*
* *

Il n'y pas à préserver en France que les édifices religieux et les meubles et les joyaux dont ils sont pleins. Contre la pioche du démolisseur et l'incurie administrative, des palais de justice aux salles revêtues de chêne ancien, toutes tendues de cuir gaufré ou de haute laine, des châteaux, de vénérables *parloirs aux bourgeois*, et de chers vieux hôtels de ville dont le beffroi a sonné le tocsin pour l'affranchissement des communes alliées du roi ou contre l'invasion, ici un campanile, là une grille, ailleurs le manteau monumental d'une cheminée sont — et nous l'avons fait voir — à protéger mieux et plus largement qu'ils ne sont aujourd'hui (1). Mais nous

1. L'un des arguments de la thèse du gouvernement dans la consultation qu'il a donnée à la ville de Châteaudun, est que le paragraphe 12 de l'article 136 de la loi municipale de 1884 est abrogé par l'article 44 de la loi du 9 décembre 1905. Comme ce paragraphe met à

avons aussi à empêcher, sans plus tarder, la dispersion des collections privées et l'exode des œuvres qui les composent.

A force de dollars, l'Amérique a entrepris la conquête de notre trésor artistique. Elle y réussit. Les rafles ne sont pas limitées aux cloîtres et aux églises. Les amateurs cèdent à la tentation des offres éblouissantes. La besogne se poursuit méthodiquement, à comptoir ouvert. On désigne nommément des fonctionnaires des Beaux-Arts qui, moyennant rétribution, se font rabatteurs dans cette chasse. Sur leurs indications et par leur entremise, des œuvres rares qui sont de la poésie et de l'histoire nous sont ravies. Parfois une opportune et énergique intervention conjure quelque coup plus hardi ou plus scandaleux. Ainsi, a pu être sauvée, à Reims, la maison des Ménétriers : achetée cent mille

la charge des communes l'obligation de réparer leurs édifices, s'il est vrai — contrairement à notre opinion, qu'il est abrogé sans qu'il y ait à distinguer — on voit quelle absurde facilité est donnée aux municipalités de laisser tomber en ruines tous leurs monuments, civils et religieux.

francs, elle devait être démolie, puis, chaque moellon numéroté, transporté outre-mer et, là-bas, pierre à pierre reconstruite. Un autre milliardaire yankee s'était proposé la même opération sur le château d'Azay. Le plus souvent, la parcimonie de l'État et l'apathie générale nous laissent sans défense contre ce trafic, insolemment poursuivi, gêné seulement et ralenti un peu, quand les malandrins par qui il est exercé l'aggravent — tel Thomas et sa bande — de vols qualifiés. Et les uns après les autres, tous les chefs-d'œuvre que nous possédons, aussi bien ceux de l'art profane que ceux de l'art religieux, passeront l'Atlantique, maîtres nationaux et maîtres étrangers, Poussin avec Raphaël, et les modernes comme les anciens. Ceux qui voudront, dans vingt-cinq ans, connaître le génie français, devront aller l'étudier aux musées des Etats-Unis. N'est-il donc, contre ce honteux abandon, aucun moyen plus efficace que la loi de 1887 ?

A peine ce texte législatif sert-il, depuis vingt ans, à masquer d'illusoire bienveillance l'indifférence réelle de l'État. Il n'a pas empêché l'émiettement et la dilapidation de nos collections, publiques et particulières. Il est une simple exhortation, un chimérique épouvantail. Le gouvernement est sans force et sans moyen pour empêcher un mal dont il est le témoin impuissant et souvent affligé (1). Les flibustiers de la brocante y trouvent leur bénéfice parfois énorme. Leur piraterie et leurs pillages sont d'autant plus à redouter que depuis 1902 l'Italie les traque et les chasse de son territoire. Dès lors ils sont venus chez nous prendre refuge; ils s'y donnent libre carrière.

Dès 1821, un édit pontifical du 6 août, contresigné du cardinal Pacca, codifiait les dispositions papales antérieures contre l'exportation des œuvres d'art : « Les monuments anciens, dit son préambule, ont rendu et rendront toujours illustre, admirable et unique

1. La seule sanction prévue était — et est encore au regard des particuliers — celle de la nullité de la vente et d'une condamnation à des dommages-intérêts, recours tellement incertain que pendant dix-huit ans, de 1887 à 1905, pas une fois l'administration n'a osé en user.

cette belle ville de Rome. La réunion précieuse dans son sein de si augustes reliques des Arts anciens, le soin jaloux de celles qui existent et de celles que l'on découvre de nouveau, une prévoyance sévère et vigilante pour qu'elles ne se dégradent pas et qu'on ne les transporte pas au dehors, ont pour constant et principal effet d'attirer les étrangers qui les viennent admirer, d'exciter la curiosité savante des Antiquaires qui en font des confrontations érudites, et d'enflammer enfin la noble émulation de tant d'Artistes qui accourent ici de toutes les parties de l'Europe pour en faire l'objet et le modèle de leurs études. Les Souverains Pontifes qui en étaient persuadés promulguèrent des lois très sages pour empêcher le transport hors de Rome et de l'État ecclésiastique de n'importe quel objet précieux antique et firent des règlements d'une grande sévérité pour l'extraction des Antiquités et pour la découverte, dans n'importe quel endroit, des Monuments de l'Art. Mais l'oubli de ces Lois et la grande négligence à les observer appauvrirent Rome de beaucoup de Monuments remarquables... »

Ces considérations n'ont pas été moins fortes aux yeux de la monarchie unifiée. Elles ont inspiré au gouvernement royal et aux Chambres d'abord quelques lois particulières, essais timides, puis la grande loi générale du 12 juin 1902, qui n'a pas encore été traduite et dont on trouvera plus loin le texte en français. J'en marquerai brièvement les règles essentielles.

Une personne morale ne peut jamais aliéner au profit d'un particulier ses monuments, ses collections ou les objets mobiliers de grand prix, *di sommo pregio*, dont elle est détentrice. Le ministre peut seul autoriser la vente ou l'échange, à la condition que l'acquéreur soit une autre personne morale. Et encore l'Etat a-t-il droit de préemption.

L'œuvre vendue doit-elle quitter l'Italie? La sortie du royaume est soumise à une taxe progressive *ad valorem*.

Le législateur italien a considéré, en outre, que la possession d'une œuvre d'art à laquelle s'attachent de grands souvenirs constituait une propriété d'un caractère spécial; il a décidé d'abord que le classement était obligatoire et pouvait être prononcé d'office, — tandis qu'en France il est facultatif; il a ensuite prononcé que les particuliers eux-mêmes ne peuvent rien vendre de leurs collections sans en avoir informé les représentants de l'Etat qui, à l'égard de ces collections privées, ont un droit de préemption et d'exclusion (1).

La séparation des Églises d'avec l'État en accroissant le péril fit apparaître à quel point était insuffisante la pauvre petite loi de 1887, et combien manquait à la France l'arme préservatrice que s'est donnée l'Italie. Sur mon initiative — à laquelle MM. Aynard et Berger donnèrent l'appui de leur autorité — fut voté l'article 17 de la loi du 9 décembre 1905. Les dispositions en sont sévères, certes, et utiles, j'en suis sûr. Mais, contredites et annulées en quelque mesure — on vient de le voir — par celles qui sont relatives à l'entretien et à la désaffectation des édifices consacrés aux

1. La Suisse et la Grèce se sont donné des lois analogues.

cultes ; ne s'appliquant qu'au patrimoine religieux et aux personnes morales, elles sont, dans notre législation, comme une pierre d'attente. Il est temps d'édifier le système complet qu'elles préjugent et préparent. Les généraliser est urgent.

Et d'abord il n'est pas possible de laisser plus longtemps le classement dépendre du caprice des propriétaires. L'obligation ici s'impose. Vainement protestera-t-on au nom de la liberté individuelle contre cette « atteinte à la propriété ».

Le rationalisme du XVIIIe siècle pèse sur nous à l'excès : il nous a accoutumés à nous mouvoir dans l'abstrait, non dans le réel. Au lieu de saisir le droit de propriété dans les conditions de son origine et de son existence — de le voir naître avec le travail et se modifier avec lui, nous l'isolons dans l'absolu. Nous pensons le rendre par là intangible et sacré, au contraire, nous lui enlevons son assise solide, et le laissons ainsi mal assuré, branlant, exposé à toutes les critiques du raisonnement et de l'argumentation contraire.

La propriété personnelle, dressée comme entité, est privée de sa force intime, qui est de se révéler, à la lumière de l'expérience, le support de la liberté et le moyen nécessaire du bien-être et du progrès social.

Considérons l'exemple d'Edmond Rousse, étranger autant qu'on peut l'être, je pense, à toute opinion subversive. Bâtonnier de son ordre, membre de l'Académie française, il élabore, en 1875, le projet qui devait devenir la loi de 1887, et son bon sens éclairé lui dicte, pour le cas de dégradation ou de vente abusive d'un objet classé, des sanctions pénales. Le Parlement les écarta. Mais depuis ce vote malheureux le mouvement des idées se dessine en faveur de la solution qu'a consacrée la loi italienne : « On sent, disait, à Bruxelles, en 1898, un orateur du Congrès de l'Art public, que la collectivité a un droit spécial sur ce genre d'objets précieux ayant ce caractère propre d'être inséparables des souvenirs les plus chers de l'existence nationale ou d'être un objet de gloire et d'orgueil pour le pays ou l'humanité. » La même pensée s'exprime, le 30 juin 1905, devant la Chambre des représentants de Belgique : « Il s'introduit de plus en plus dans la conscience du monde moderne la notion d'une sorte de droit public sur les œuvres génératrices de beauté. La conception de la propriété s'atténue et se complique d'une conception nouvelle, celle d'une propriété commune qu'on demande aux gouvernements de consacrer et de faire respecter. » Trois quarts de siècle plus tôt, Victor Hugo avait proclamé, sans qu'alors sa parole eût d'écho : « Il y a deux choses dans un édifice : son usage et sa beauté. Son usage appartient au propriétaire, sa beauté à tout le monde ; c'est donc dépasser son droit que de le détruire. » Et il réclamait « une loi pour les monuments, une loi pour l'art, une loi pour la nationalité de la France, une loi pour les souvenirs, une loi pour les cathédrales, une loi pour les plus grands produits de l'intelligence, une loi pour l'œuvre collective de nos pères, une loi pour l'histoire, une loi pour l'irréparable qu'on détruit, une loi pour ce qu'une nation a de plus sacré après l'avenir ;

une loi pour le passé... loi juste, bonne, excellente, sainte, utile, indispensable, urgente» (1).

1. La passion archéologique de V. Hugo est toute tournée vers la France. Elle est l'un des côtés les plus sympathiques de son génie. Elle ne s'est pas satisfaite seulement dans la plus belle de ses œuvres en prose ou dans maintes pièces de vers connues ; on la retrouve en cent feuilles détachées, dans des lettres à sa femme ou à ses amis auprès desquels il s'excuse et qu'il voudrait bien ne pas ennuyer par « ses petites architectures » ; elle est l'attrait de ses livres de voyages. Elle n'est point exclusivement occupée d'une époque. Hugo aime le XVIe siècle autant que le XIIe. Partout il descend de diligence, il visite, il fouille : ainsi en 1836, à Meaux, trois choses l'ont intéressé, — « un délicieux petit portail de la Renaissance, accoté à une vieille église démantelée, à droite en entrant dans la ville; puis la cathédrale ; puis derrière la cathédrale, un bon vieux logis de pierres de taille, à demi-fortifié, flanqué de grandes tourelles engagées. Il y avait une cour. Je suis entré bravement dans la cour, quoique j'y eusse avisé une vieille femme qui tricotait. Mais la bonne dame m'a laissé faire. J'y voulais étudier un fort bel escalier extérieur, dallé de pierres et charpenté de bois qui monte à la maison, appuyé sur les deux arches surbaissées et couvert d'un toit auvent à arcades en anse de panier. Le temps m'a manqué pour le dernier. Je le regrette; c'est le premier de ce genre que j'ai vu. Il m'a paru être du XVe ». Il donne ensuite une jolie description du grand tympan du portail de la cathédrale, qui représente Jeanne, femme de Philipe le Bel, des deniers de laquelle l'Eglise fut construite après sa mort. Toute cette digression est hors de mon sujet, — est-ce bien sûr? Mais le lecteur m'en voudra-t-il si je copie pour lui encore ceci? « La reine de France, sa cathédrale à

L'inventeur d'un secret qui intéresse la défense nationale ne le livre pas, sans encourir le mépris, à l'étranger qui le paye. Une même réprobation ne devrait pas être épargnée à celui qui soustrait au patrimoine national une œuvre précieuse pour l'art ou pour l'histoire.

Le contrôle de l'État par le classement obligatoire est une réforme permise. Mais, insuffisante en soi, elle vaut seulement parce qu'elle donne l'efficacité aux mesures qui doivent la compléter et dont elle est la condi-

la main, se présente aux portes du Paradis. Saint Pierre les lui ouvre à deux battants ! Derrière la reine se tient le beau roi Philippe avec je ne sais quel air de pauvre honteux. La reine, fort spirituellement sculptée et atournée, désigne le pauvre diable de roi d'un regard de côté et d'un geste d'épaule et semble dire : « Bah ! « laissez-le entrer par-dessus le marché. » Et voilà un croquis qui nous mène jusqu'au cœur de la statuaire médiévale. Hugo remonte en voiture et note, chemin faisant : « Du reste ce pays est plein du siècle de Louis XIV. Ici le duc de Saint-Simon ; à Meaux, Bossuet ; à la Ferté-Milon, Racine; à Château-Thierry, La Fontaine. Le tout en un rayon de douze lieues. Le grand seigneur avoisine le grand évêque, la tragédie coudoie la fable. »

On commettrait une injustice si on ne rappelait ici que Montalembert s'unit à Victor Hugo contre les démolisseurs.

tion. Je les ai définies en 1905 dans cette proposition (1):

« Les immeubles et objets mobiliers classés sont imprescriptibles. Ils ne peuvent être vendus, cédés ou échangés sans autorisation du ministre des Beaux-Arts. En cas de refus, recours est ouvert devant le Conseil d'Etat contre la décision ministérielle.

» Dans le cas où la vente, la cession ou l'échange seraient autorisés, un droit de préférence et de préemption est accordé : 1° aux associations constituées pour l'exercice des cultes ; 2° aux communes ; 3° aux départements, aux musées et sociétés d'art et d'archéologie ; 4° à l'Etat. Le prix sera fixé par trois experts que désigneront l'acquéreur, le vendeur et le président du tribunal civil.

» Si aucun des acquéreurs ci-dessus désignés ne fait usage du droit de préemption ou de préférence, la vente ou l'échange sera libre ; toutefois il est interdit à l'acquéreur

1. Chambre des députés, séances des 14 et 15 juin 1905.

d'un objet classé de le transporter hors de France.

» Nul travail de réparation, restauration ou entretien à faire aux monuments ou objets mobiliers classés ne peut être commencé sans l'autorisation du ministre des Beaux-Arts ni exécuté hors de la surveillance de son administration, sous peine, contre les propriétaires, occupants ou détenteurs qui auraient ordonné ces travaux, d'une amende de 16 à 1.500 fr.

» Toute vente, cession ou échange conclus en violation des dispositions concernant la conservation et la protection des immeubles et objets mobiliers est nul de plein droit. Les contrevenants seront punis d'une amende de 100 à 10.000 francs et d'un emprisonnemet de six jours à trois mois ou de l'une de ces deux peines seulement (1). »

1. M. Ridouard, député de la Vienne, a, depuis, déposé une proposition de loi dans le même sens (26 novembre 1907). La Chambre s'est séparée sans l'avoir examinée.

* * *

Il ne faut rien dissimuler : quelques-uns, malgré tant de raisons, encore hésitent. Leur scrupule nous touche ; il est celui de bons Français, dévoués à leur pays et à son prestige dans le monde. Il y a des avantages, explique M. Frantz Funck-Brentano — qui ne méconnaît pas, au reste, quelques-uns des inconvénients — il y a des avantages pour un peuple à l'exportation des chefs-d'œuvre de l'art national « ne fût-ce que la diffusion, par toute la terre, de son caractère et de son génie. Prenons notre propre exemple, puisque le départ pour l'Amérique de tant d'œuvres françaises effraie bien des amateurs éclairés. Croyez-vous que la présence, dans les collections publiques et privées, de tant de belles pages dues à l'inspiration de nos artistes, ne soit pas pour beaucoup dans la « popula-« rité »—pour prendre une expression essentiellement américaine — dont la France et tout ce qui est français jouissent au delà de l'Océan? Et l'éclat en rejaillit sur toutes les branches de notre activité » (1).

M. Frantz Funck-Brentano a vu, à New-York, des Américains, en groupes nombreux, arrêtés devant les tableaux d'Alphonse de Neuville et de Corot que possède le Musée central, et il est sûr qu' « un morceau de France a mis son empreinte en eux ». Et d'avoir assisté à cette scène, un doute lui est venu sur la question de savoir si, oui ou non, nous devons nous priver des chefs-d'œuvre sortis de nos mains.

Par tout ce qui précède j'ai, ce me semble, déjà, en grande partie, répondu à M. Funck-Brentano. S'il avait arrêté plus longtemps son esprit pénétrant sur ce sujet, il n'aurait pas manqué, assurément, de reconnaître les causes et les conditions de l'influence extérieure d'une pensée nationale : on use d'une métaphore — d'ailleurs exacte, mais dont il

1. *Le Gaulois*, 15 février 1909.

convient de ne pas exagérer le sens — quand on dit qu'elle rayonne au loin : c'est du foyer qu'elle part et c'est à son foyer qu'il faut venir en chercher la chaleur et la force inspiratrice. Ainsi firent, en Italie, Poussin et le Lorrain et mille autres de chez nous, — et les Flamands et les Espagnols. La prédominance de notre art au XVIIe et au XVIIIe siècles est marquée par les commandes qui sont faites, de toutes les parties de l'Europe, à nos artistes vivants et non point par le départ de nos œuvres anciennes. Et c'est la distinction qui, une fois admise, décide la question. La législation italienne n'y a pas manqué : elle exclut de ses prohibitions tout ce dont l'exécution ne remonte pas à plus de cinquante ans. Et je me plais à penser qu'elle n'a pas été seulement inspirée par l'intérêt mercantile de ses peintres et sculpteurs. Ainsi est assurée la conquête du monde par la pensée nationale, si elle en est capable. Pour la rendre telle, ne la privons d'aucun moyen d'y parvenir. Si, comme nous le croyons, quelque valeur éducative est attachée à l'œuvre d'art, s'il est vrai — et il l'est —

qu'elle stimule l'énergie et l'imagination créatrice, c'est un motif de plus pour que nous voulions la conserver jalousement et pour qu'elle nous reste. Plus d'une, au fond d'une province, travail oublié d'un imagier inconnu du moyen âge, va révéler sa vocation au petit gars que demain saluera grand sculpteur.

---

* * *

Donc, il n'est plus d'objections. Ne nous abusons pas cependant : toute loi demeurait lettre morte si la volonté de tous ne collaborait pas à son inflexible application. L'action gouvernementale trop souvent dominée par des considérations politiques, sera intermitente et partiale (1). Pour l'encourager et la soutenir, de puissantes associations régionales sont à constituer. Libres de toute préoccupation confessionnelle, guidées

1. Voyez, dans le *Journal des Débats* du 4 octobre 1907, l'attitude du préfet de Seine-et-Oise au sujet de l'île Saint-Martin. Rappelons la composition de la commission instituée par la loi de 1906, pour dresser la liste des sites pittoresques. Présidée par le préfet qui, en dépit des prescriptions légales, la convoque à son gré, elle compte comme membres de droit l'ingénieur en chef des ponts et chaussées, l'agent voyer en chef, le chef du service des eaux et forêts, deux conseillers généraux élus par leurs collègues. Quatre fonctionnaires et deux politiciens détiennent la majorité. On y ajoute cinq membres *choisis par le conseil général* parmi les notabilités des lettres, des sciences et des arts.

par le seul souci de conserver à leur ville ou à leur province les monuments et les souvenirs dont le temps la dota, elles apportent à la lutte pour l'art une ardeur désintéressée et compétente. Présentes en tous lieux par quelqu'un de leurs membres, elles peuvent signaler le péril dès qu'il apparaît et y apporter un prompt remède. Que l'Etat — quel qu'il soit, aujourd'hui ou demain — trouve dans leur concours un stimulant à son insouciance et à sa fureur de partisan un obstacle (1).

1. A Rome, une municipalité et un syndic déments avaient rêvé de bouleverser et d'enlaidir tous les aspects que le temps a ménagés à la ville immortelle. M. Nathan avait entre autres projets celui de masquer le Capitole par je ne sais plus quel gratte-ciel, et, sans nul doute, il l'eût fait, malgré la loi, si l'unanime réprobation ne l'eût obligé à renoncer à cette impiété. « ... Brûlons les gondoles, ces balançoires à crétin, et dressons jusqu'au ciel l'imposante géométrie des grands ponts de métal et des usines chevelues de fumée pour abolir partout la courbe languissante des vieilles architectures... Vienne enfin le règne éclatant de la Divine Electricité, qui délivrera Venise de son xénol clair de lune d'hôtel meublé. » Ainsi s'expriment sans ironie les membres de l'association italienne des « Futuristes » qui, dans un manifeste, conseillent aux Vénitiens de « combler les petits canaux fétides avec les décombres

Les soldats d'une pareille croisade sont innombrables. Il en est dans tous les partis, sur tous les bancs du Parlement, au Ministère ; on en trouve dans tous les rangs de la société ; ils sont légion dans le peuple. On a pu louer M. Clemenceau et M. Alfred Picard d'avoir envoyé au Louvre l'un le buste de Houdon qui ornait le cabinet du ministre de l'Intérieur, l'autre le bureau de Colbert.

Gardons-nous d'un pessimisme décourageant. En certaines circonstances l'opinion s'est laissé émouvoir et sous sa pression d'heureux résultats ont été obtenus. L'hôtel

des vieux palais croûlants et lépreux ». Un jour, dans un dîner, à Paris, un convive faisait scandale en proposant d'installer une gare à la place du délicieux jardin de l'Infante : du moins n'était-il pas peintre, sculpteur ou homme de lettres. Les « Futuristes » sont des artistes. Venise ne s'est pas laissé convaincre. Mais Pompéi a fâcheusement subi — M. André Maurel le montrait ce mois-ci dans la *Revue de Paris* (1er juillet 1910) — les atteintes de maladroits conservateurs entre les mains desquels les meilleures lois sont les pires instruments, s'ils sont sans discernement et sans goût. Enfin, le ministère de M. Sonnino a laissé partir, en quelques mois, d'Italie pour les Etats-Unis plusieurs millions de tableaux et œuvres antiques. Il convient, du reste, que les amateurs de la cinquième avenue n'ignorent pas qu'ils ont emporté bon nombre de faux.

de Biron a été arraché à la bande noire qui le convoitait ; le jardin des Tuileries ne servira plus aux expositions diverses qui l'encombraient de tentes et de baraques ; on n'a plus qu'à le défendre contre l'envahissement des hideuses statues. Le Garde-Meuble a dû renoncer à prendre à l'évêché de Beauvais, pour en décorer les salons du Luxembourg, le mobilier exécuté en 1720 par la manufacture de cette ville sur les cartons des Fables d'Oudry, et il a dû le remettre au musée. Si, malgré tous les règlements, il a été loisible à des industriels de gâter la place de l'Arc-de-Triomphe, on n'a pas osé jusqu'ici défigurer les Champs-Elysées par un énorme théâtre ? (1) Les sentines de la rue Saint-Jacques, en tombant, ont dégagé le chevet de Saint-Séverin, et Saint-Julien-le-Pauvre se

1. Je signale, en passant, un jugement de la première Chambre du tribunal de la Seine dont la Ville peut se prévaloir contre ceux qui modifient l'ordonnance architecturale de Paris : le propriétaire d'une maison de l'ancienne place Royale, aujourd'hui place des Vosges, qui avait changé sa façade a été condamné à rétablir celle-ci dans son état primitif.

laisse, maintenant, admirer de tous les côtés. Si nous avons dû assister impuissants à l'anéantissement de tant de beaux jardins — le Carmel, l'Abbaye-aux-Bois — qui donnaient de la lumière et de la santé aux petits ménages les avoisinant, du moins Cluny a son square ; la place du Carrousel a remplacé l'aridité de ses pavés par des tapis de verdure et de fleurs et l'avenue de Breteuil s'égaie de beaux parterres. Nous finirons par conquérir sur les gravats et les bâtisses qui s'y succèdent les allées du Cours-la-Reine et même Paris tout entier sur les palissades et les fondrières. Le vote de la loi pour la protection des paysages n'a point rencontré d'opposants.

Le passé nous est cher et nous le voulons présent. Si de cette piété il fallait une preuve, on la trouverait dans le succès des livres de M. Lenôtre et de M. Georges Caïn qui disputent aux romanciers les plus populaires, l'étalage et la renommée. Jamais les vieux logis et les résidences princières n'ont eu pèlerins plus fervents. Aussi, que Barrès annonce son intention de demander au gouvernement ce qu'il entend faire « pour protéger la physionomie architecturale, la figure physique et morale de notre pays », ce ne sont pas seulement les catholiques, dont la piété est intéressée à la conservation des églises, — ni les élites sociales qui sollicitent avec lui cette explication, — ni des croyants esthéticiens, comme M. Peladan, — ni un Henri de Regnier, poète de *La Cité des Eaux*, qui se plaît aux grandes scènes d'autrefois, — ni un Albert Flamant, — ni un André Hallays, ni des lettrés affranchis du dogme, comme M. Lucien Descaves; c'est le cœur de toute la France qui bat avec le sien.

Aucun âge avant le nôtre n'a été aussi curieux des siècles qui le précédèrent. Plus que le temps et la brutalité de l'homme la cupidité de celui-ci a causé autrefois d'irréparables dommages et des pertes définitives. Jadis, en Italie, des statues antiques où brillait un éclat divin ont servi à faire du plâtre, et avec des pierres du Colisée l'aristocratie romaine s'est bâti des palais : *Quel che non fecero i barbari fecero i Barberini.* La politique de Richelieu a comblé de pierres plus d'un château féodal (1). Puis, de son côté, la mode fut mauvaise conseillère. Le XVIIe et le XVIIIe siècles ont renversé, sans y penser davantage, pour faire place à des édifices nouveaux, bien des habitations pittoresques ou de haut style des XIVe, XVe et XVIe siècles. Pour un Saint-Simon qui s'indigne aux ruines qu'il voit faire, combien y sont indifférents parmi les mieux nés (2). Du moins, le goût

1. Que le lecteur veuille bien ne pas se méprendre sur ce que j'entends dire. Je ne condamne pas la politique de Richelieu, j'en déplore les inéluctables nécessités ; et devant « l'homme rouge qui passe » je m'incline avec admiration et respect. Trop souvent des historiens français, en qui la sensiblerie ou le préjugé faisait tort à la raison, ont malmené ces maîtres et bons serviteurs de l'État, un Louis XI, un Richelieu, pour qu'on ne doive pas, en toute rencontre, s'inscrire en faux contre leur erreur : la vie des héros est une leçon et un exemple ; elle s'explique par leur temps ; il n'est pas juste de les défigurer.

2. « Quoique à l'abri de l'Inquisition, raconte Saint-Simon, alors ambassadeur en Espagne, par mon caractère diplomatique, il fallait éviter de donner du scandale dans un pays aussi dominé par la superstition : j'avalai donc, le plus doucement que je pus, ce pieux conte que ces moines exaltaient et me pressaient d'admirer. Ils me menèrent faire un moment d'adoration au pied

de ces grands seigneurs fut-il exquis et leurs architectes — Jacques Debrosse, Mansart, Perrault, Robert de Cotte, Germain Boffrand, Gabriel — furent des maîtres.

Mais c'est l'honneur du romantisme, en ce qu'il eut d'excellent et par quoi ses erreurs lui seront pardonnées, d'avoir, à la suite de Chateaubriand, non seulement honoré la vieille

du grand autel, puis me firent faire le tour des chapelles de l'église dont chacune avait des miracles particuliers qu'il me fallait essuyer. D'une chapelle à l'autre je les priais de me mener à la salle des Conciles ou à ce qui en restait qui était uniquement ce qui m'amenait chez eux. Ils me répondaient : « Tout à l'heure, mais encore » cette chapelle-ci, car elle est bien remarquable » ; et il fallait y aller et entendre les miracles auxquels je me refroidissais beaucoup. Enfin, quand tout fut épuisé et qu'il fut question d'aller à la salle des Conciles, ils me dirent qu'ils n'en restait rien et que, depuis cinq ou six mois, ils en avaient abattu les restes pour leur cuisine. Je fus saisi d'un si violent dépit que j'eus besoin de me faire la dernière violence pour ne les pas frapper de toute ma force. Je leur tournai le dos en leur reprochant cette espèce de sacrilège, en termes fort amers. Je gagnai mon carosse sans vouloir mettre le pied dans leur maison et y montai sans leur faire la moindre civilité. Voilà ce que deviennent les monuments les plus précieux de l'antiquité, par l'ignorance, l'avarice ou la convenance, sans que la police ni que personne se mette en peine de les revendiquer et de les faire conserver. J'eus à celui-ci un regret extrême. »

France, mais voulu la connaître et la comprendre et de nous avoir fait une âme capable de l'aimer dans toutes ses œuvres.

Pour la source de profit que sont à l'épargne des splendeurs vantées dans le monde entier et qui amènent parmi nous tant d'étrangers, l'économiste le plus sec se joindra à l'annaliste qui aime à retrouver, sur les bas-reliefs du moyen âge, les costumes, les outils, les travaux et les mœurs d'autrefois, au moraliste curieux de l'évolution des esprits et au sociologue qui, voulant ses réformes durables, pense, selon le conseil du vieux chef breton dans Tacite, à la fois aux ancêtres et à la postérité. Mais l'art n'est pas seulement producteur de richesses et témoin du passé. Il rapproche les hommes en les exaltant. Au chrétien qui, dans la *Cène* du Vinci, adore son Dieu, et à l'artiste incroyant qui, au même tableau, s'enivre de plastique et de couleurs, il persuade également sérénité, douceur et sagesse. En exprimant de l'idéal, il conseille la paix et crée de l'ordre : c'est pourquoi sa cause, autant que belle, est bonne.

APPENDICES

I

L'ARTICLE 17

DE LA LOI DU 9 DÉCEMBRE 1905

Il peut être utile de connaître, d'après le *Journal officiel*, et pour en préciser la portée, la brève discussion à laquelle donna lieu, devant la Chambre des députés, l'amendement qui est devenu dans le texte définitif l'article 17 de la loi du 9 décembre 1905 prononçant séparation des Eglises d'avec l'Etat. J'en supprimerai celles des observations qui me sont personnelles et qui ont trouvé place dans l'étude qui précède.

Deuxième séance du 15 juin.

PRÉSIDENCE DE M. PAUL DOUMER.

M. LE PRÉSIDENT. — L'ordre du jour appelle la suite de la discussion du projet de loi et des diverses propositions de loi concernant la séparation des Églises et de l'État.

La Chambre a voté hier l'article 15 et je l'ai informée qu'il y avait des dispositions additionnelles, proposées par MM. Grosjean et Berger d'une part, par M. Aynard, de l'autre, qui feraient l'objet d'un article 15 *bis*.

M. Grosjean me fait connaître qu'il rédige ainsi la disposition qu'il substitue à son amendement primitif portant le n° 200. (*Suit le texte de l'amendement qu'on trouvera plus loin.*)

M. Aynard. — Je retire l'amendement que j'avais déposé et je me rallie à celui de M. Grosjean.

M. le Président. — La parole est à monsieur Grosjean.

. . . .

M. Bienvenu Martin, *ministre de l'Instruction Publique, des Beaux-Arts et des Cultes.* — Messieurs, je n'ai pas d'objections de principes à opposer au texte de l'honorable M. Grosjean, seulement vous me permettrez de faire remarquer que ce texte est incomplet sur deux points.

La loi de 1887 est une loi excellente.

M. Georges Grosjean. — Dans ses intentions, mais non dans ses effets.

M. le Ministre des Cultes. — Elle n'est pas inefficace, mais elle présente quelques lacunes; et si l'on juge opportun d'insérer dans la loi sur la séparation des dispositions propres à assurer d'une façon plus large et plus effective la conservation des œuvres d'art, je crois qu'il faut aussi profiter de l'occasion pour combler les lacunes de la loi de 1887.

D'abord, cette loi ne garantit pas suffisamment les immeubles par destination. Or, il y a dans les églises un certain nombre d'objets mobiliers, des œuvres d'art d'une grande valeur qui, ayant été incorporés dans les conditions prévues par le Code civil, aux édifices eux-mêmes, sont devenus par ce fait seul des immeubles par destination. Il y aurait intérêt à étendre à ces immeubles par destination la protection qui couvre les objets mobiliers régulièrement classés.

M. AYNARD. — Très bien ! très bien !

M. LE MINISTRE DES CULTES. — Il faut empêcher que les objets qui ont été immobilisés ne soient impunément arrachés des lieux où ils ont été placés pour ensuite être vendus et dispersés ; il me paraîtrait donc utile de compléter l'amendement de M. Grosjean par une disposition portant que les immeubles par destination classés en vertu de la loi du 30 mars 1887 ou de la présente loi seront imprescriptibles et qu'ils ne pourront être aliénés ou réparés sans autorisation. (*Très bien! Très bien !*)

M. JULES AUFFRAY. — Pour les immeubles vous avez déjà la loi de 1887.

M. LE MINISTRE DES CULTES. — Cette loi n'a pris aucune mesure pour défendre les immeubles par destination. Je crois donc qu'il y aurait lieu de compléter ses dispositions en étendant la protection qu'elle institue à toutes les catégories d'objet d'art classés.

J'ajouterai une autre observation relative aux sanctions.

La loi de 1887 est insuffisante à ce point de vue. Elle prévoit bien des poursuites correctionnelles, mais dans des conditions assez indéterminées.

M. GEORGES GROSJEAN. — On n'a pas pu exercer une seule poursuite.

M. LE MINISTRE DES CULTES. — Je crois qu'on ne peut considérer comme rentrant dans ses prévisions que des infractions de droit commun.

La loi de 1887 prévoit aussi des réparations pécuniaires, des actions en dommages-intérêts.

C'est tout à fait insuffisant : tout le monde est d'accord sur ce point. Aussi, je ne puis qu'approuver les dispositions proposées par M. Grosjean, qui tendent à punir par l'amende et au besoin par la prison le fait d'avoir vendu, contrairement aux dispositions de la loi, des objets mobiliers classés ou de les avoir réparés sans autorisation.

Mais il faut penser aussi aux immeubles. Or, à l'heure actuelle, si les immeubles classés comme monuments historiques sont l'objet de travaux qui les altèrent, qui les défigurent, qui en compromettent la solidité, il n'y a aucune sanction.

L'amendement de M. Grosjean ne vise que les infractions aux articles 11 et 12 de la loi de 1887, mais ces articles visent exclusivement les objets mobiliers. Il faut étendre les sanctions pénales proposées par M. Grosjean aux infractions concernant les immeubles; il y aurait donc lieu d'ajouter l'article 4 de la loi de 1887 aux textes visés par M. Grosjean.

Sous ces réserves je n'ai pas d'objections à faire aux propositions de M. Grosjean. Je demande seulement qu'elles soient complétées, d'une part, par le visa de l'article 4 de la loi de 1887 ; d'autre part, par une disposition étendant l'imprescriptibilité édictée par la loi de 1887 aux immeubles par destination régulièrement classés.

M. LE PRÉSIDENT. — La parole est à monsieur Grosjean.

M. GEORGES GROSJEAN. — J'entre si bien dans les vues de M. le Ministre que, dans le texte primitif de l'amendement que j'ai déposé, j'avais inséré ce paragraphe :

« Nul travail de réparation, restauration ou entretien à faire aux monuments ou objets mobiliers classés ne peut être commencé sans l'autorisation du ministre des Beaux-Arts, ni exécuté hors de la surveillance de son administration, sous peine, contre les propriétaires, occupants ou détenteurs qui auraient ordonné ces travaux, d'une amende de 16 à 1.500 francs. »

Je répondrai, je crois, parfaitement aux intentions de M. le Ministre et aux préoccupations de la Chambre en demandant l'insertion de cette disposition dans le texte nouveau que j'ai remis au commencement de la séance à M. le Président. (*Très bien! très bien ! au centre et sur divers bancs à gauche.*)

M. Aynard. — Je demande la parole.

M. le Président. — Le texte dont je suis saisi est la fusion de l'amendement de M. Aynard et de celui de M. Grosjean.

La parole est à monsieur Aynard.

M. Aynard. — Monsieur le Président, pour répondre à votre bienveillante invitation, je retire mon amendement et je déclare me rallier à celui de M. Grosjean, en exprimant le vœu que M. le ministre de l'Instruction publique applique, dès à présent, la mesure la plus simple et la plus pratique de toutes, c'est-à-dire n'autorise plus l'aliénation d'immeubles par destination ou d'objets mobiliers classés, si ce n'est dans des circonstances tout à fait exceptionnelles. C'est encore la meilleure manière de s'opposer aux déprédations.

M. le Ministre des Cultes. — Il est bien entendu que l'amendement de MM. Grosjean et Berger auquel s'est rallié M. Aynard doit être interprété dans ce sens que le droit de préemption ne s'ouvrira que lorsque la vente aura été d'abord autorisée.

M. Aynard. — C'est certain, il faut une vente autorisée.

M. Georges Grosjean. — Je considère même que le ministre a le droit de prescrire les conditions dans lesquelles devront se faire la vente, l'échange ou la cession.

M. le Ministre des Cultes. — C'est entendu.

M. le Rapporteur. — La commission, d'accord avec le gouvernement, accepte l'amendement.

M. le Président. — Voici comment serait rédigé l'amendement :

« Dans le cas où la vente ou l'échange d'un objet classé serait autorisé par le ministre de l'Instruction publique et des Beaux-Arts, un droit de préemption est accordé : 1° aux associations cultuelles ; 2° aux communes ; 3° aux départements ; 4° aux musées et sociétés d'art et d'archéologie ; 5° à l'Etat. Le prix sera fixé par trois experts que désigneront le vendeur, l'acquéreur et le président du tribunal civil.

» Si aucun des acquéreurs visés ci-dessus ne fait usage du droit de préemption, la vente sera libre ; mais il est interdit à l'acheteur d'un objet classé de le transporter hors de France.

» Nul travail de réparation, restauration ou entretien à faire aux monuments ou objets mobiliers classés ne peut être commencé sans l'autorisation du ministre des Beaux-Arts, ni exécuté hors de la surveillance de son administration, sous peine, contre les propriétaires, occupants ou détenteurs qui auraient ordonné ces travaux, d'une amende de 16 à 1.500 francs.

» Toute infraction aux dispositions ci-dessus ainsi qu'à celles de l'article 15 de la présente loi et des articles 4, 11, 12 et 13 de la loi du 30 mars 1887, sera punie d'une amende de 100 à 10.000 fr. et d'un emprisonnement de six jours à trois mois ou de l'une de ces deux peines seulement. »

M. le Ministre des Cultes. — Je ne vois pas qu'il soit fait mention dans la rédaction nouvelle des immeubles par destination.

M. Jean Cruppi. — Pour faire droit aux observations de M. le ministre des Cultes et des auteurs de l'amendement, on pourrait mettre en tête de l'article un paragraphe ainsi conçu : « Les immeubles par destination, classés en vertu de la loi du 30 mars 1887, sont inaliénables et imprescriptibles.

Je crois que c'est bien la pensée de M. le Ministre.

M. le Ministre des Cultes. — Parfaitement.

M. Georges Grosjean. — Il faudrait que ce paragraphe vînt en tête de l'article.

M. Jean Cruppi. — Sans doute, et si M. le Président me permet de présenter encore une observation, je demanderai aux auteurs de l'amendement et à la commission de vouloir bien viser, dans le paragraphe relatif aux pénalités, en même temps que les articles 11, 12 et 13 de la loi de 1887, l'article 10 qui dit d'une façon générale : les objets classés appartenant à l'État sont inaliénables et imprescriptibles. C'est un simple oubli à réparer.

M. le Ministre des Cultes. — Parfaitement.

M. le Président. — Je relis donc le nouveau texte avec la modification proposée :

« Les immeubles par destination, classés en vertu de la loi du 30 mars 1887... »

M. le Ministre des Cultes. — Il faut ajouter : « ou de la présente loi ».

M. le Président. — « ...Ou de la présente loi sont inaliénables et imprescriptibles. »

Puis viendrait le texte dont je viens de donner lecture, qui n'est pas modifié et formerait les deuxième, troisième et quatrième paragraphes.

Le dernier paragraphe serait ainsi rédigé :

« Toute infraction aux dispositions ci-dessus, ainsi qu'à celles de l'article 15 de la présente loi et des articles 4, 10, 11, 12 et 13 de la loi du 30 mars 1887 sera punie d'une amende de 100 à 10.000 fr. et d'un emprisonnement de six jours à trois mois ou de l'une de ces deux peines seulement. »

Je mets aux voix le texte formé par ces diverses dispositions qui forment l'amendement de MM. Grosjean, Berger et Aynard.

(Ce texte, mis aux voix, est adopté.)

II

LOI ITALIENNE

SUR LA CONSERVATION DES MONUMENTS DES ANTIQUITÉS ET DES OBJETS D'ART (1)

12 juin 1902

(*Publiée dans la* Gazette officielle du Royaume *le 27 juin 1902 ; n° 149*)

ARTICLE PREMIER

Les dispositions de la présente loi s'appliquent aux monuments, aux immeubles et aux objets

1. Cette loi a été suivie, 17 juin 1904, d'un important règlement d'administration publique en 418 articles. — *Regio Decreto che approva il regolamento sulla conservazione dei monumenti e degli oggeti di antichità e d'arte e sulla esportazione degli oggetti stessi* (Gazetta Ufficiale del Regno il 27 Agosto 1904, n. 201). Elle avait été précédée de plusieurs lois et décrets : *Legge che provvede per la conservazione delle gallerie, biblioteche ed altre collezioni di arte e di antichità* (8 juin 1883) ; *Regio decreto che approva il regolamento par l'esecuzione dell'art, 4 delle leggi 28 Giugno 1871 e 8 Julio 1883* (23 novembre 1891) ; *Legge portante provedimenti per le gallerie, biblioteche o collezioni d'arte e di antichità* (7 février 1892).

mobiliers qui ont valeur d'antiquité ou d'art.

N'en sont exclus que les édifices et œuvres d'art dont les auteurs sont vivants ou dont l'exécution ne remonte pas à plus de cinquante ans.

ART. 2

Les collections d'œuvres d'art et d'antiquités, les monuments, les objets présentant quelque importance artistique ou archéologique, appartenant à des fabriques, à des confréries, à des personnes morales ecclésiastiques (1) de quelque nature que ce soit, et ceux qui ornent les églises et lieux en dépendant ou tous autres édifices publics, sont inaliénables.

Sont également inaliénables les collections et œuvres d'art ou d'antiquité qui ne forment pas une collection, mais qui compris parmi celles qui, dans le catalogue dont il est parlé à l'article 23, sont qualifiées comme ayant une très haute valeur artistique, dans tous les cas où ces collections et œuvres appartiennent à l'Etat, aux communes, aux provinces ou autres personnes civiles (2) non visées au paragraphe ci-dessus.

ART. 3

Le ministre de l'Instruction publique, la com-

1. *Enti ecclesiastici.*
2. *Enti legalmente riconosciuti.*

mission compétente entendue, pourra autoriser la vente ou l'échange desdites collections ou objets ne formant pas une collection à condition que ces aliénations se fassent de l'une à l'autre des personnes morales mentionnées en l'article précédent ou en faveur de l'Etat.

Appel contre cette défense d'aliénation peut être formé devant la quatrième section du Conseil d'Etat, laquelle décide aussi bien en la forme qu'au fond.

ART. 4

Les objets anciens et les œuvres d'art qui ne sont pas compris parmi ceux portés comme ayant une très grande valeur artistique dans les catalogues prévus par l'article 23 et qui ne font pas partie des collections et s'ils appartiennent aux personnes civiles de l'article 3 ne pourront pas être aliénés sans l'autorisation du ministre de l'Instruction publique.

En cas de refus de celui-ci les dispositions de l'article précédent sont applicables.

ART. 5

Celui qui, en qualité de propriétaire ou même simplement à titre de possession, détient un monument, un objet d'antiquité, ou d'art catalogué doit déclarer immédiatement tout contrat d'aliénation et en général toute mutation quelconque.

Pareille obligation pourra lui être imposée à partir du jour de la notification de la qualification artistique de l'objet ou monument, lorsque le ministre de l'Instruction publique, pour des raisons d'urgence et d'après l'avis de la commission compétente, procède à cette notification avant le classement.

L'effet de cette notification est temporaire, mais subsiste jusqu'au jour dudit classement.

Dans le contrat même d'aliénation, le vendeur doit faire connaître à l'acheteur que le monument, l'objet d'antiquité ou d'art est classé, et qu'a été faite la notification dont il est parlé dans le paragraphe précédent ; l'acheteur ayant reçu ladite communication ne pourra pas, sous la sanction des articles 25 et 27, disposer du monument ou de l'objet, sans faire auparavant la déclaration nécessaire.

Art. 6

Si quelqu'un a l'intention de vendre un monument, un objet d'art ou d'antiquité, visé dans l'article précédent, le gouvernement aura droit de préemption, à parité de conditions.

La déclaration d'aliénation ayant été faite, ce droit doit être exercé dans les trois mois à compter du jour de cette déclaration. Dans le cas, où à raison d'offres trop nombreuses d'œuvres anciennes ou artistiques, le gouvernement manquerait des crédits nécessaires à leur acquisition, ce délai pourra être porté jusqu'à six mois.

Quand un tel droit de préférence est exercé sur un objet mobilier et sur la base d'une offre venue de l'étranger, soit de particuliers, soit d'instituts, le prix sera établi en déduisant de l'offre le montant de la taxe d'exportation prévue à l'article 8 de la présente loi.

ART. 7

Le droit de promouvoir l'expropriation des immeubles appartiendra non seulement aux personnes morales dont il est parlé par l'article 83 de la loi du 25 juin 1865 n° 2359, mais aussi celles qui se proposent pour but la conservation des monuments.

ART. 8

Indépendamment de ce qui est établi dans les lois de douane, l'exportation de tout objet d'art ou d'antiquité, excepté ceux qui sont mentionnés à l'article 15, est assujettie à une taxe progressive, basée sur la valeur de chaque objet en particulier, suivant le tableau annexé à la présente loi.

La valeur sera fixée d'après la déclaration du

propriétaire contrôlée par des bureaux spécialement commis à cette évaluation.

En cas de désaccord entre la déclaration du propriétaire et l'estimation administrative, le prix sera déterminé par une commission d'experts choisis, moitié par l'exportateur, moitié par le ministère de l'Instruction publique. En cas de partage des voix, un arbitre nommé d'un commun accord sera appelé à décider ; si cet arbitre ne pouvait être nommé d'un commun accord, il serait désigné par le premier président de la Cour d'appel.

Le Gouvernement aura le droit d'acheter l'objet qu'on veut exporter, au prix fixé de la façon indiquée ci-dessus, diminué de la taxe correspondante.

L'acquisition devra être faite dans les deux mois qui suivront l'évaluation définitive, excepté le cas exceptionnel dont il est parlé à l'article 6.

Art. 9

La taxe d'exportation n'est pas applicable aux objets d'art et d'antiquité importés et dont l'origine est prouvée par un certificat authentique, suivant les règles qui seront prescrites par le règlement d'administration publique.

Art. 10

Sauf les dispositions d'urgence approuvées, il

est interdit de faire des travaux dans ou aux monuments et objets d'art et d'antiquité mentionnés aux articles 2, 3, 4, sans l'autorisation préalable du ministère de l'Instruction publique.

Une approbation semblable est aussi nécessaire pour les monuments appartenant à des personnes privées, quand le propriétaire a l'intention d'y exécuter des travaux qui peuvent en modifier les parties extérieures.

Art. 11

Il est défendu de démolir ou d'altérer les restes de monuments encore existant, même dans les propriétés privées ; toutefois le propriétaire pourra faire examiner par des fonctionnaires de l'administration si le monument ou ses vestiges est digne d'être conservé.

Art. 12

Le gouvernement a le droit d'exécuter tous travaux propres à empêcher la détérioration des monuments chaque fois qu'aura été reconnue l'utilité économique de ces travaux, application sera faite des dispositions de l'article 1144 du Code civil.

Art. 13

Dans les communes où existent des monuments soumis aux prescriptions de la présente loi, pourront être pris, tous arrêtés concernant les nouvelles constructions, reconstructions et exhaussements d'édifices, les mesures et les distances afin que les nouveaux travaux n'endommagent pas la perspective ou ne diminuent pas la lumière nécessaire à la nature de ces monuments, sauf compensation équitable et dans les formes qui seront déterminées par le règlement d'administration publique à intervenir.

ART. 14

Quiconque désire entreprendre des fouilles, en vue de rechercher des antiquités, doit en faire la demande au ministère de l'Instruction publique. Celui-ci aura le droit de faire surveiller les travaux et de faire exécuter des études et des moulages. Il pourra les ajourner pendant une période qui n'excédera pas trois ans ; il pourra également les suspendre, soit qu'à raison de demandes trop nombreuses ou simultanées, il ne fût pas possible de faire surveiller toutes les fouilles en même temps, soit que les règles pour la conduite scientifique des fouilles n'aient pas été observées.

Les instituts ou citoyens étrangers qui, avec le consentement du gouvernement et aux conditions à définir pour chaque cas, entreprendront des fouilles archéologiques, seront obligés de céder gratuitement les objets trouvés à une collection publique de l'Etat.

Dans tous autres cas le gouvernement aura droit à la quatrième partie des objets découverts à une valeur équivalente.

Les formalités à observer pour l'exercice de ce droit seront indiquées dans le règlement d'administration publique.

ART. 15

Tout entrepreneur d'une fouille doit déclarer immédiatement la découverte qu'il aura faite de tout monument, objet d'art ou d'antiquité quelconque. La même obligation est imposée à celui dont la découverte sera due au hasard.

L'un et l'autre doivent pourvoir à la conservation des monuments découverts et n'y toucher qu'après y avoir été autorisé par les autorités compétentes. Le gouvernement est obligé de les faire visiter et étudier dans le plus bref délai.

Dans tous les cas de découvertes de monuments ou d'objets d'art anciens, faites au cours de fouilles quelconques, l'administration pourra prendre toutes dispositions qu'elle estimera nécessaires ou utiles à en assurer la conservation et en empêcher le vol ou la dispersion.

ART. 16

Pour des raisons d'utilité publique et scientifique, le gouvernement pourra exécuter des fouilles dans les fonds particuliers. Le propriétaire aura droit à une indemnité pour le gain dont il aura été privé et pour le dommage qui aura pu lui être causé par ces fouilles et recherches.

L'utilité publique d'une fouille est déclarée par décret du ministère de l'Instruction publique après avis du Conseil d'État.

L'indemnité, si on ne réussit pas à la fixer à l'amiable, sera déterminée suivant les règles indiquées par les articles 65 et suivants de la loi du 25 juin 1865, n° 2359, dans la mesure où elles peuvent être appliquées.

Le quart des objets découverts dans la fouille ou son équivalent en argent reviendra au propriétaire du sol et le surplus au gouvernement.

ART. 17

Dans le cas où seraient découverts des ruines ou des monuments d'une importance telle que l'intérêt général exige qu'ils soient conservés et que l'accès en soit rendu possible au public, le gouvernement pourra exproprier, d'une façon définitive, le terrain où se trouve les ruines ou les monuments et celui nécessaire au développement de la fouille et construire une voie d'accès.

La déclaration d'utilité publique d'une telle expropriation, après avis de la commission compétente, est faite par décret royal sur la proposition du ministre de l'Instruction publique, de la façon indiquée à l'article 12 de la loi du 25 juin 1865, nº 2359.

Art. 18

Le ministre de l'Instruction publique est autorisé, non sans avoir entendu au préalable l'avis des commissions spéciales et compétentes et avec les formalités à déterminer dans le règlement d'administration publique à faire des échanges avec les Musées étrangers et à vendre des duplicata d'objets d'antiquité ou d'art, dépourvus d'intérêt pour les collections de l'État.

Il a aussi le droit de mettre en vente les publications officielles relatives aux collections et aux monuments.

Art. 19

La reproduction des monuments et des objets d'art et d'antiquité appartenant au gouvernement sera permise selon les règles et conditions à établir par décret et contre payement d'une indemnité proportionnée.

Art. 20

Outre les sommes annuelles qui seront inscrites dans la partie ordinaire du budget des dépenses du ministère de l'Instruction publique pour faire face aux achats d'œuvres d'une considérable importance archéologique ou artistique et outre les frais nécessaires à leur conservation, un crédit sera inscrit pour le même but, dans un chapitre spécial du budget ; ce crédit correspondra au montant total des recettes de l'exercice financier précédent, résultant des ventes prévues par l'article 18, de l'application des taxes, amendes, indemnités établies dans la présente loi et des revenus éventuels dont il est parlé aux articles 14, 15 et 19.

Art. 21

La somme inscrite annuellement au budget des dépenses du ministère de l'Instruction publique, aux termes de l'article 5 de la loi du 27 mai 1875, sera divisée en deux parties, dont l'une restera destinée aux fins marquées par lesdits articles, et l'autre, constituée en un fonds unique, sera dévolue aux achats d'objets d'antiquité et d'art. Ces objets seront attribués à des musées et galeries de la région pour lesquels ils offrent un intérêt historique ou artistique, ou bien à des musées ou galeries d'autres régions si ceux-ci manquent d'objets du même auteur, ou de la même école. La deuxième partie de la somme correspondra à la moitié des revenus du précédent exercice financier, résultant des taxes d'entrée aux musées et galeries de l'État.

ART. 22

Le gouvernement est autorisé à faire des acquisitions,avec les sommes dont il est question aux articles 20 et 21, sans être obligé pour cela à un projet de loi spéciale, quel que soit le montant de la dépense pour chaque acquisition.

Les sommes, qui à la fin de l'année financière peuvent rester disponibles sur les fonds dont il est parlé plus haut, seront reportées intégralement dans le budget de l'exercice suivant, en vue d'augmenter l'importance des chapitres correspondants.

ART. 23

Le ministère de l'Instruction publique, suivant les règles qui seront indiquées dans le règlement d'administration publique, procèdera à la constitution des catalogues des monuments, objets d'art et d'antiquité.

Ces catalogues seront divisés en deux parties, dont l'une comprendra les monuments et les objets d'art et d'antiquité appartenant aux personnes morales ; et l'autre, les monuments, objets d'art et d'antiquité appartenant à des particuliers et classés soit à la suite de déclaration privée, soit d'office.

Le catalogue des monuments, objets d'art et d'antiquité appartenant aux personnes morales, indiquera explicitement les monuments et les objets qui, aux termes de l'article 3, ne peuvent pas être aliénés à des particuliers, à cause de leur très haute valeur.

Les maires, les présidents des assemblées provinciales, les curés et recteurs d'église et, en général, tous les administrateurs de personnes morales, ont l'obligation de présenter au ministère de l'Instruction publique, suivant les règles qui seront arrêtées dans le règlement d'administration publique, la liste des monuments et des objets d'art et d'antiquité appartenant aux personnes morales, administrées par eux.

L'inscription d'office dans le catalogue des objets d'art et d'antiquité appartenant à des personnes privées sera bornée à ceux de ces objets d'une très haute valeur artistique, dont l'exportation hors du royaume constituerait un dommage grave pour le patrimoine artistique et pour l'histoire.

Art. 24

Le ministère de l'Instruction publique devra

donner connaissance au propriétaire, lors de l'inscription au catalogue d'un objet d'art ou d'antiquité dont la propriété est privée, des effets de l'article 5 de la présente loi, et cela dans le délai d'un mois à partir de ladite inscription.

ART. 25

Les aliénations faites contrairement à la défense dont il est parlé dans les articles 2 et 3 sont nulles de plein droit.

Les fonctionnaires employés et proposés du gouvernement, des provinces et des communes et les administrateurs des personnes morales de toutes sortes qui tombent en contravention, sont punis d'une amende de 50 à 10.000 lires.

Les mêmes dispositions sont appliquées aux violations de l'article 4, sauf pour ce qui regarde la nullité de la vente.

L'acheteur encourt également la même amende quand il savait que le monument, l'objet d'art et d'antiquité étaient compris parmi ceux visés aux articles 2, 3 et 4.

ART. 26

L'omission des déclarations prévues par l'article 5 est punie d'une amende 500 à 10.000 lires.

ART. 27

Si, par suite de la violation des articles 2, 3, 4

et 5 l'objet d'art ou d'antiquité est devenu introuvable ou s'il a été exporté hors du royaume, ou si, comme dans le cas envisagé à l'article 4, il est devenu propriété privée, en outre des peines ci-dessus énoncées est ajoutée une indemnité équivalente à la valeur de l'objet.

Dans le cas prévu par le dernier paragraphe de l'article 25, l'acheteur sera solidaire avec le vendeur pour le paiement de l'indemnité.

Art. 28

Sont applicables les dispositions du titre IX de la loi sur les douanes, approuvé par décret royal du 22 janvier 1896 n° 20, dans le cas d'exportation clandestine d'œuvres d'art ou d'antiquité. — Toutefois la confiscation sera faite en faveur de l'État et il sera procédé à la répartition des amendes de la manière indiquée par le règlement d'administration publique.

Art. 29

Les amendes portées par l'article 26 sont applicables aux violations des articles 10 et 11.

Si le dommage est en tout ou en partie irréparable, le contrevenant devra payer une indemnité équivalente à la valeur du monument, de l'objet d'art ou d'antiquité perdus ou s'il a été détérioré à la diminution de sa valeur.

ART. 30

Les contraventions aux articles 14 et 15 sont punies d'une amende de 100 à 2.000 lires ; dans le cas de dommages, en tout ou en partie irréparables, sera appliquée la disposition du paragraphe de l'article précédent.

ART. 31

L'administrateur d'une personne morale, qui, dans les six mois à compter de l'invitation à lui adressée par le ministère de l'Instruction publique, n'aura pas présenté la liste des monuments, objets d'art et d'antiquité de ladite personne morale, suivant les indications de l'article 23, ou qui présentera une déclaration frauduleusement inexacte, sera puni d'une amende de 50 à 10.000 lires.

ART. 32

Aux codes, aux anciens manuscrits, aux incunables, aux estampes et gravures rares et de valeur, aux collections numismatiques des personnes morales, énumérés dans les articles 2 et 3, sont applicables les dispositions des mêmes articles et celles des articles 25, 27 et 31 et du second alinéa de l'article 23.

Dans tous les cas où ces objets appartiennent à des particuliers, le gouvernement pourra, pour ceux qui ont une renommée célèbre et de grand prix et ceux qui ont une valeur éminemment historique ou artistique, obliger le propriétaire à n'en disposer que conformément aux termes de l'article 5 et sous les sanctions édictées par les articles 26 et 27, étant réservé le droit de préférence attribué au gouvernement par l'article 6. En telle occurrence seraient applicables les articles 8 et 28.

ART. 33

Dans le cas du non-paiement des amendes prononcées par la présente loi, seront appliquées les dispositions de l'article 19 du Code pénal.

ART. 34

Les prescriptions et sanctions pénales de la présente loi ne seront pas applicables aux copies, reproductions ou imitations des objets d'art ou d'antiquité, qui y sont envisagées.

ART. 35

Sont abrogées, à compter du jour de la promulgation de la présente loi, toutes les dispositions relatives au même sujet, en vigueur dans les différentes parties du royaume, sauf les dispositions de l'article 4 de la loi du 28 juin 1871, n° 286 (série 2) et celles des lois du 8 juillet 1883, n° 1461 (série 3) et du 7 février 1892, n° 31.

Les dispositions restrictives des lois existantes, relatives à l'exportation des objets d'art ou d'antiquité, subsistent après la publication de la loi, pendant une année durant laquelle devra être rédigé le catalogue.

ART. 36

Les modalités d'exécution de la présente loi seront déterminées par un règlement d'administration qui devra être approuvé par décret royal, après avis du Conseil d'État.

Par le même règlement, pourront être créés, en plus de ceux déjà existants, d'autres commissions spéciales et bureaux en vue du fonctionnement des dispositions législatives ci-dessus.

ART. 37

Les impôts d'exportation préexistant sont révoqués et remplacés par ceux du tarif suivant :

Tableau de l'impôt d'exportation

Sur les premières.....	lires	5.000	5 0/0
— deuxièmes	—	5.000	7 —
— troisièmes.....	—	5.000	9 —
— quatrièmes....	—	5.000	11 —

et ainsi de suite jusqu'à ce qu'atteignant la taxe totale, on arrive au 20 0/0 de la valeur de l'objet.

Ordonnons que la présente loi, munie du sceau de l'État, soit insérée au recueil officiel des lois et décrets du Royaume d'Italie, et mandons à tous ceux qui en ont le devoir de l'observer ou faire observer comme loi de l'État.

Datée à Rome 12 juin 1892.

VICTOR EMMANUEL

Le Garde des Sceaux :

E. GIANTURCO

N. NASI

IMP. JOUVE ET Cie, 15, RUE RACINE, PARIS

www.ingramcontent.com/pod-product-compliance
Lightning Source LLC
LaVergne TN
LVHW020025170826
845678LV00001B/114
9782329769738